幽默与口才
幽默让你的口才价值百万

吴学刚◎编著

德宏民族出版社

图书在版编目（CIP）数据

幽默与口才 / 吴学刚编著 . -- 芒市 ：德宏民族出版社，2019.11
ISBN 978-7-5558-1305-7

Ⅰ．①幽… Ⅱ．①吴… Ⅲ．①幽默（美学）- 口才学 - 通俗读物 Ⅳ．① H019

中国版本图书馆 CIP 数据核字 (2019) 第 208176 号

书　　名：	幽默与口才
作　　者：	吴学刚　编著

出版・发行	德宏民族出版社	责任编辑	思铭章
社　　址	云南省德宏州芒市勇罕街1号	责任校对	何　门
邮　　编	678400	封面设计	U+Na 工作室
总编室电话	0692-2124877	发行部电话	0692-2112886
汉文编室	0692-2111881	民文编室	0692-2113131
电子邮箱	dmpress@163.com	网　　址	www.dmpress.cn
印　刷　厂	永清县晔盛亚胶印有限公司		
开　　本	145mm×210mm　1/32	版　　次	2019年11月第1版
印　　张	7	印　　次	2019年11月第1次
字　　数	130千字	印　　数	10000册
书　　号	ISBN978-7-5558-1305-7	定　　价	38.00元

如出现印刷、装订错误，请与承印厂联系调换事宜。印刷厂联系电话：13683640646

前　言

林肯说："幽默口才是社交的需要，是事业的需要，一个不会说话的人，无疑是一个失败者。"幽默的口才不仅能体现出一个人深厚的文化素养和丰富的文化内涵，还能折射出一个人的美好心灵，试问，一个具有如此魅力的人，有谁能不喜欢呢？

幽默是一种语言技巧，是一门生动有趣而且实用的口才艺术，更是一种为人处世的生活哲学。在当今社会生活中，我们经常能看见幽默口才所迸发的智慧火花：社交场合原本沉闷无语、尴尬无比，此时，一句幽默的话能立即将沉闷的局面打破；双方就某一问题各执己见、僵持不下时，第三者一句幽默的话，能让大家哑然失笑；当你陷入尴尬境地时，一句自嘲的话，不仅能展现你的风度和智慧，也给彼此一个化干戈为玉帛的"台阶"。幽默是夫妻关系的"润滑剂"，

与口才

如双方发生冲突时，一个得体的小幽默常常能使对方转怒为喜，破涕为笑；在谈判和演讲中带着幽默口才上阵，可以让您的每句话都扣人心弦，轻而易举地"俘获"观众，让自己游刃有余；在职场中巧用幽默口才，可以成功推销自我，赢得老板的赏识，助跑升职之路。

也许现在的你已经深知幽默的妙处，但却心有余而力不足，不知道如何才能做到幽默，甚至悲叹自己生来就不是个幽默的人。殊不知，幽默并非某些人的独特天赋，而是一门任何人都能掌握的语言艺术，可以通过不断训练加以培养。当然，这要求对幽默规律性的东西进行总结，总结好后再加以运用。

本书就是从实用的角度出发，列举了一些幽默小故事，以事例说理，从职场、爱情、家庭、社交等多个方面，根据不同场合和对象，为您介绍幽默的智慧和幽默口才的使用诀窍，让您在现实生活中能快速掌握应用幽默的技巧，从而练就口绽莲花、能说会道的幽默口才。

学习幽默，是一种循序渐进的过程。你可以随时做好准备，信手翻上几页，或细细品读，并用你的细心和坚持，去记录身边点点滴滴的幽默，去创造无数大大小小的乐趣。那么，终有一天，你会成为一个幽默大师，拥有了掌控自己命运的力量！

目　录

第一章　口才的魅力，别输在不懂幽默上

1. 幽默口才是培养出来的……………………………3
2. 委婉含蓄式的幽默技巧……………………………6
3. 幽默是智慧的产物…………………………………9
4. 幽默的效果让人难以抗拒…………………………11
5. 幽默能让人善意的微笑……………………………13
6. 正话反说的幽默作用………………………………16
7. 机智性幽默的作用更大……………………………18
8. 智慧隐藏在糊涂的幽默中…………………………21

与口才

第二章 幽默社交，一开口就让人笑不停

1. 用幽默拉近距离……………………………27
2. 幽默可以缓解紧张气氛……………………29
3. 用幽默改变尴尬处境………………………31
4. 幽默风趣地打破僵局………………………34
5. 幽默可以减少社交中的摩擦………………36
6. 幽默是一种生动的沟通方法………………39
7. 拿自己说笑话，制造幽默…………………41
8. 掌握幽默的交友技巧………………………43

第三章 职场达人，风趣的谈吐让你更受欢迎

1. 运用幽默技巧应聘求职……………………49
2. 自我推销时加点幽默成分…………………51
3. 用幽默帮你摆脱困境………………………54
4. 同事之间需要点幽默感……………………58

5. 幽默可以拉近你与上司的距离……61

6. 善用幽默征服下属……64

7. 小幽默帮你摆脱工作的单调乏味……67

8. 幽默地拒绝上司……71

9. 幽默一点提意见更容易接受……74

第四章 谈判无处不在，幽默使你如鱼得水

1. 让顾客在笑声中接纳你的建议……81

2. 幽默地主动出击……84

3. 用幽默的方式化解对方疑虑……86

4. 善于倾听，幽默反驳……89

5. 幽默地表达潜在意思……92

6. 以缪还缪式的幽默……94

7. 声东击西的幽默技巧……99

8. 旁敲侧击的幽默方法……100

9. 风趣幽默的自圆其说……103

第五章　给演讲加点幽默，让掌声响起来

1. 幽默的开场更吸引人……………………………109
2. 用幽默跟听众"套近乎"…………………………112
3. 以幽默的心态去进行表达………………………115
4. 用幽默构筑良好的演讲表达氛围………………117
5. 幽默素材提前准备好……………………………120
6. 用幽默制造轻松的氛围…………………………122
7. 让幽默故事为演讲增光添彩……………………126
8. 风趣幽默地配合主持人…………………………129
9. 让演讲在笑声中结束……………………………131

第六章　幸福不太难，用幽默浇灌爱情的花朵

1. 用幽默把握住一见钟情…………………………137
2. 运用幽默技巧向对方表白………………………140
3. 幽默是一种含蓄的异性交往方式………………143

目 录

4. 幽默是爱情的红娘..........................145
5. 爱情生活也需要幽默感......................148
6. 幽默是爱情的催化剂........................151
7. 幽默拒绝别人的爱..........................154
8. 幽默的求爱技巧............................159
9. 幽默大度，失恋不失态......................162

第七章 家庭是欢乐的海洋，幽默必不可少

1. 家庭生活需要幽默..........................169
2. 用幽默代替大道理..........................172
3. 借助幽默表达你的爱意......................175
4. 培养另一半的幽默感........................177
5. 让孩子成为幽默的主角......................180
6. 幽默是打破僵局的最佳方式..................182
7. 用幽默表达自己的意见......................185
8. 幽默的夫妻欢乐多..........................189

与口才

9．让幽默为夫妻生活增添活力..........................192

第八章　口才有禁忌，把握幽默的分寸

1．运用幽默要注意时机和场合..........................199

2．把握分寸，适度幽默..........................200

3．不同的幽默对象用不同的话题..........................203

4．爱情中的幽默要注意分寸..........................205

5．商场上的幽默，尺度很重要..........................207

6．职业不同，幽默的特色不同..........................210

 与口才

第一章　口才的魅力，别输在不懂幽默上

　　幽默是思想、才学和灵感的结晶，它能使语言闪耀出绚丽的光芒。列宁说过："幽默是一种优美的、健康的品质。"因此，幽默也被认为是只有聪明人才能驾驭的艺术。日常生活中，几乎每一个人都喜欢和说话风趣的人在一起，说话风趣幽默可以创造一种良好的氛围，拉近人与人之间的距离，彰显出你迷人的个性。

1. 幽默口才是培养出来的

几乎每一个人都喜欢和说话风趣的人在一起,说话风趣幽默可以创造一种良好的氛围,拉近人与人之间的距离,彰显出你迷人的个性。

面对生活中可能引起麻烦的事情,我们借助于幽默,共同欢笑一场,就能把这种烦恼放到适当的位置而不至于过分忧虑和不悦。以轻松的态度对待麻烦,共享欢乐会使烦恼同整个生活相比之下变得不那么重要。

> 约翰·洛克菲勒是世界有名的富翁,但是,他在日常开支方面却很节约。一天,他到纽约一家旅店投宿,要求租一间最廉价的房间。
>
> 旅店的经理说:"你为什么选择这么廉价的小房间呢?你的儿子来住宿时,总是选择最贵的房间。"
>
> "没错,"洛克菲勒说,"我儿子的父亲是百万富翁,我的父亲却不是。"

生活中,如果人们能经常以幽默的态度来对待各种事情,如在寒冷、炎热、潮湿或令人难熬的日子里,说上几句逗人开怀的笑话,肯定能重新振作大家的精神。

幽默的言辞往往是最佳的润滑剂,还能平息对方的怒气,让对方迅速转怒为喜。

与口才

英王乔治三世有一次到乡下打猎,中午感觉肚子有些饿,就到附近的一家小饭店要了两个鸡蛋充饥。吃完鸡蛋,店主拿来账单,乔治三世瞄了一下仆役接过来的账单讥讽地说:"两个鸡蛋要两英镑!鸡蛋在你们这里一定非常稀有吧!"店主毕恭毕敬地回答:"不,陛下,鸡蛋在这里并不稀有,国王才稀有。鸡蛋的价格必然要和您的身份相称才行。"乔治三世听完不由哈哈大笑,爽快地让仆役付账。店主幽默的言辞不仅没有激怒英王,反而获得不少的收入。

幽默感可能是与生俱来的,但也是可以通过后天的学习成为人见人爱的开心果,幽默所构成的条件,并不是在字眼上故弄玄虚。

很多场合,气氛有些沉闷,人们互相戒备,这时候一句逗得大家开心一笑的诙谐话语,往往能打破彼此之间的隔膜,让人心情愉快地进行交际。掌握了幽默这个武器的人肯定是一个受欢迎的人。

一个诙谐幽默的人,一定有着丰富的知识和生活经历,他能感染周围的人,能把尴尬的局面改善,能应对复杂的局面。幽默的人知识面广,不单调乏味,有深厚的生活经验,不是简单的玩弄词汇。生活中的幽默无处不在,只要你多观察生活,多注意生活,多借鉴他人好的经验,并善于总结自己的经验教训,就能升华你的幽默感。那么,幽默口才具体是怎样培训出来的呢?

(1)要有健康高尚的情操,豁达的心态。

幽默口才属于生活中的强者,属于乐观向上的人。要想用自己智慧的火花去照亮别人,首先自己的心灵应该充满阳光。"君

子坦荡荡，小人长戚戚"。一个满脑子小算盘、心胸狭窄的人是不可能有幽默口才的。

心胸开阔的人能够用幽默口才化解遇到的尴尬场面，能够用可贵的宽容来消除别人加到自己身上的伤害。

（2）要有良好的文化素养。

有了健康明朗的思想，并不一定具有幽默的口才。我们还要具备丰富的科学文化知识，因为幽默的口才需要丰富的学识支撑。很难想象一个孤陋寡闻的人能够成为一个幽默的高手。只有知识丰富，眼界开阔，对社会、人生有较深的认识与感悟，才有可能会闪现出思想的火花。"冬烘先生"只能成为幽默的对象，幽默的材料，不大可能成为幽默口才的主人。

幽默者往往是眼观六路、耳听八方的人物。他们的谈吐中既会有一定的哲理，又蕴藏着丰富的信息。更重要的是，幽默口才需要渊博的知识，文化知识武装起来的头脑会给谈吐提供源源不断的新燃料、新武器。语言无味、面目可憎的人肯定不是博学多才的人，他们大多数是腹中空空。只有有了慧心，才有可能有秀口。头脑中储存下大量的知识学识，才有可能在需要的时候招之即来、派上用场。

（3）要目光敏锐、善于联想。

幽默口才尤其需要创造性的思维能力，需要独到的见解，立体发散的思维品质。美国前总统尼克松在他的《领袖们》中这样评价周恩来：

周恩来口才中表现出来的敏捷机智大大超过其他任何一位领袖，他讲话时有四个特点给人留下了不可磨灭的印象：精力充沛，准备充分，谈判中显示出高超的技巧，在压力下表现得泰然自若。

（4）要善于自嘲。

一般说来，人人都不愿意成为大家取笑的对象。知道了这一点，你就能明白为什么有的人很容易将别人逗乐了。每个人在潜意识里都有一种优越感，在幽默者适度的自嘲中，人们感受到的是自己心里那隐约的优越感。因此，不用担心自嘲会让人知道你的短处，引来鄙夷的目光。他们会为你的勇敢和风趣而折腰，因为你不怕暴露自己，所以他们就会在心中对你解除了防范，把你当成了自己的朋友。善于自嘲的人实际上是一种非常自信、非常明智的人。

（5）要懂得适可而止。

虽然幽默口才倍受人欢迎，但幽默也要有度，要适可而止，千万不能兴之所至便到处信口开河。没有节制的幽默是非常危险的，它可能会伤害别人，也可能会损害你在别人心中的形象。比方说你的身边如果正好有残疾人在场的话，你就不要说有关身体健康的玩笑。如果对方是一个十分严肃、不习惯说笑话的人或者是一个长辈或者上级，那你就更得注意玩笑的分寸和内容了。如果仅仅为了求得口头的一时快感，就信口开河，没大没小，那么只会让人对你产生愠怒和反感。一定不要在心里以"幽默口才大王"自居，处处显露自己的小聪明和嘴皮子。那样，只会让人家觉得你浅薄无聊———一点儿正经都没有。

2. 委婉含蓄式的幽默技巧

在现实生活中，我们常常可以看到这样一种现象：如果一个

第一章 口才的魅力，别输在不懂幽默上

人在与人沟通时不加思考，不讲究方式，过于直接，往往会让人觉得这个人肤浅、粗俗、愚蠢，索然寡味，久而久之，就会避而远之；如果一个人在与人沟通时能够做到委婉含蓄，把一些重要的、该说的话隐藏起来，运用含蓄的语言，轻描淡写地将其表达出来，从而就会产生一种耐人寻味的幽默效果，让人情不自禁地主动与你交往。

幽默是最能展示一个人的语言魅力的绝技，其最大特色就在于它的委婉含蓄。其好处就在于它能够运用意味深长、极具趣味的语言真假并用，曲折地、间接地将意见表达出来，使之耐人寻味且寓意深刻，并且也能很好地照顾到对方的自尊。

在一个旅游景点，有一家东北餐馆，生意兴隆，每天都爆满，但是，这家餐馆的老板脾气急躁，容不得别人讲他半句坏话。

一天中午，一个过路人来这家餐馆吃饭，点了一瓶酒和几道招牌菜。这个人刚尝了一口菜，便大叫起来："这是什么菜啊？咸死了！"

一听有人说自家的菜咸，老板满脸怒气，以为这个人是故意来吃霸王餐的，拿起棍子就去打那位顾客。

这时，又进来一位顾客，一边赶忙拉架，一边问道："你为什么打人？""哼！"餐馆老板气恼地说，"我在这做了二十多年的生意，谁不知道我的菜味美可口，这人偏说我的菜是咸的，分明是来找茬的，想吃霸王餐，你说他该不该打！"

"不妨让我尝一口，再做评价，"这人说道。他吃了一口菜，咸得直咧嘴，他连忙放下筷子说："老板，你把他放

了，打我吧！"

餐馆老板也吃了一口菜，一尝，才知道自己把盐当作糖放进去了。

后一个顾客用一句轻松、微妙的俏皮话，将自己的意思曲折地、间接地表达了出来，耐人寻味且寓意深刻，既尊重了餐馆老板，不至于让对方难堪，又使对方明白了菜的确是咸的，使对方愉快地接受了意见，从而在和谐的气氛中达到了沟通的目的。

由此看来，说话不一定要直来直去，委婉含蓄地表达不仅让人容易接受，还能深得人心，试想，春风暖人的语言，有谁能不爱听呢？

所以，当你很想表达一种内心的愿望，又不便直说、不忍直说、不能直说时，不妨幽默地含蓄一下。例如，在谈及某人丑陋的相貌时，不要直接说"长得真丑"，而要用"长得有些委婉""人的长相和才能往往成反比"这样的话来代替；说一个人贪睡时，不妨用"对床铺的利用率很高"来形容。

这里需要注意的是，想要熟练地运用含蓄幽默的语言技巧，你必须时刻提醒自己不要直截了当地表达自己的想法和意见。

有一位名人到一家餐厅去吃饭，他对饭菜的质量很不满意。结账之后，他让服务员把餐厅经理叫来。

经理来后，名人对他说："现在，让我们来相互拥抱一下吧！"

经理奇怪地问："为什么？"

名人说："永别啦，你以后再也见不到我了。"

这位名人的幽默才华在于，他明明要贬抑这家餐厅的厨艺，却先装出一种高度赞扬的样子，先给了对方一个热烈的拥抱，才不露声色地点出了自己再也不会到这家餐馆来就餐的想法。

幽默是展示你语言魅力的绝技。它要求说话者有较高水平的说话艺术和高雅的幽默感，同时，它也能体现说话者驾驭语言的能力和含蓄表达幽默的技巧。生活中，很多人之所以缺乏幽默感，就是因为太习惯于直截了当、简洁明了的表达方式，而幽默则与直截了当完全不相容。所以，要想培养幽默感，就要学会迂回曲折、委婉含蓄的表达方式，凡事都不要直接说出真相，而要从某个侧面毫不含糊地点出来，使言语在趣味横生的同时，达到意味深长的效果。

3. 幽默是智慧的产物

幽默是智慧的产物。如果把幽默比拟成一个美人，她应该是内涵丰富、艳若桃花、气质如兰的，她应当能给人带来愉悦的享受。她比滑稽更有气质，也更加耐人寻味。幽默之美表现在三个方面。

幽默之美，首先在于一种喜剧精神。我们说幽默具有喜剧精神，并不是说要将幽默看成一种喜剧。幽默本身是独立的，它自成体系。幽默中的喜剧精神是就它和喜剧一样能使人愉快这一点而言。喜剧的未必是幽默的，如：

> 卓别林的第一个喜剧的场景是这样的：他走进了休息

与口才

室,绊倒在一位老太太的脚上。他转身向她抬了抬他的帽子,表示道歉;接着,刚扭过身,又绊倒在一个痰盂上,于是又转过身去向痰盂抬了抬他的帽子。

从喜剧精神方面来说,与上述略带闹剧色彩和滑稽习气的喜剧相比,幽默应该用感官触觉引起人们的想象,从而使人产生生理和心理上合二为一的美感。

幽默之美,其次在一种意境。表达者通过自己的精心安排,诱导欣赏者经过前因后果的推理、联想,最终产生一种心理愉悦。下面这则幽默很能表现意境之美:

有人问前世界轻量级拳击冠军琼·瓦特:"你愿意写什么样的墓志铭?"琼·瓦特笑着回答:"你爱数多少下就数多少下吧!反正我这次是起不来了。"

体育竞技是人类挑战生理极限的运动,利用它作为素材来制造幽默,能给人以美的联想。幽默之美又是含蓄之美。林雨堂说:"幽默愈幽愈默而愈妙。"

拿喝茶来说。在最好的茶的品类里,无论是西湖龙井,还是铁观音、碧螺春,都是刚喝的时候好像不觉得有什么特别的味道,静默几分钟后才品味出茶中"只可意会,不可言传"的妙处。若有人因为铁观音的味道不太强烈,先加牛奶再加白糖,那只能说他不会喝铁观音。幽默也是雅俗不同,愈幽而愈雅,愈默而愈俗。幽默虽然不必都是幽隽典雅,然而从艺术的角度来说,自然是幽隽的比显露的更好。幽默固然可以使人隽然而笑,失声哈哈大笑,甚至于喷饭、捧腹而笑,而最值得欣赏的幽默,却是

能够使人嘴角轻轻上扬的微笑。

在苏联流传着一则《三个囚犯的对话》的小幽默：

甲问乙："你究竟干了什么事，被抓到集中营来了？"
乙回答说："因为我在1953年骂了伊万诺维奇。"
乙又问甲："你为什么也被关到集中营来了？"
甲恨声答道："和你一样，也是因为骂了伊万诺维奇；不过，我是在1963年。"
他们两人同时问丙："你是因为什么被关在这里的呢？"
丙凄惨地笑了笑："你们虽然不认识我，但你们早就听说过我名字，我就是伊万诺维奇，我是1973年被关进来的。"

这个幽默直接将人们带到可怕而丑恶的现实面前。看完之后，不禁会在心里骂一句"活该，害人者终害自己"。紧绷的神经随之松快下来，不禁因意会而微笑。

4. 幽默的效果让人难以抗拒

语言是交流的工具，它能表达人们的思想和情感。同一个意思，长短不同的句子具有不同的表达效果，一般书面语中用长句子的时候较多，因为书面语讲求逻辑严密。但是在日常生活中，为了表达和接收的方便，我们则较多使用短句表达我们的想法。

所以，一般的生活用语大都简短有力。比如在日常交流中，

与口才

经过很长时间的沉默后,以一两句画龙点睛的话去做总结,就会产生令人难以抗拒的幽默效果。

在一次电视节目中,主持人向一位女作家提出了这样一个问题:"一个女人要婚姻持久,你认为什么是最重要的?""一个耐久的丈夫。"女作家随口答道。

那位主持人提出的问题不是一两句话就能说清楚的,但女作家又不能不回答,为了避免过多的纠缠,女作家一句"一个耐久的丈夫",既幽默、简洁又发人深思,可谓"一语惊人"。

其实,生活是个很大的舞台,在这个大舞台的很多场景里我们都能看到各种各样的人演绎一幕幕"一语惊人"的剧目,女作家可以成为主角,小女孩同样也可以。

在萧伯纳访问苏联期间。一天早晨,他照例外出散步,一位极可爱的小姑娘迎面而来。萧伯纳叟颜童心,竟同她玩了许久。临别时,他把头一扬,对小姑娘说:"别忘了回去告诉你的妈妈,就说今天同你玩的可是世界上有名的萧伯纳。"萧伯纳暗想:当小姑娘得知自己偶然间竟会遇到一位世界大文豪时,一定会惊喜万分。

"您就是萧伯纳伯伯?"

"怎么,难道我不像吗?"

"可是,您怎么会自己说自己了不起呢?请您回去后也告诉您的妈妈。就说今天同您玩的是一位苏联小姑娘!"

上面故事中,苏联小姑娘不但"一语惊人","惊"到的还

是一个伟大的人物。她聪明幽默地展示了人人平等、自信等值得赞扬的信念,并且一语惊醒了表现得有些骄傲的萧伯纳。就像上面故事中的萧伯纳一样,一些做出了伟大成就的人往往有自大的毛病,他们说话、做事也往往以自我为中心,甚至把自己看成别人的骄傲。作为他们身边的人,你有责任委婉地提醒他们不要过于狂妄自大,这不但能够保护自己,也能减少对别人的伤害。

下面的故事也能说明这一点:

据说,19世纪意大利作曲家罗西尼对于没有创见的作品很讨厌,有位年轻的作曲家将自己的作品给罗西尼弹奏,想得到赏识。罗西尼一边听,一边不断地脱帽又戴帽。年轻的作曲家感到奇怪,问罗西尼是不是嫌屋子里太热。罗西尼说:"不,我有一见熟人就脱帽的习惯。在阁下的曲子里,我不断地碰到熟人,不得不频频脱帽致意。"

这里的"熟人",就是替代性的隐语。如果罗西尼采取正面批评的语言,那将是不愉快的事情。而对这种幽默表达,作曲家不得不默默接受。

5. 幽默能让人善意的微笑

"幽默"为英文humor的音译。透过影射、讽喻、双关等修辞手法,在善意的微笑中,揭示生活中乖谬和不通情理之处。

"幽默"这个名词的意义虽难于解释,但凡是真正理解这

与口才

两个字的人,一看见它们,便会极自然地在嘴角上浮现出一种会心的微笑来,所以你若听见一个人的谈话或是看见一个人做的文章,其中有能使你自然地发出会心微笑的地方,肯定那谈话或文章中含有"幽默"的成分,或者称那谈话是幽默的谈话,呼那文章是幽默的文章。相信下面印度作家泰戈尔(1861~1941)的回信定然能使您发出会心的微笑:

有一次,泰戈尔接到一个姑娘的来信:"您是我敬慕的作家,为了表示我对您的敬仰,打算用您的名字来命名我心爱的哈巴狗。"泰戈尔给这位姑娘写了一封回信:"我同意您的打算,不过在命名之前,你最好和哈巴狗商量一下,看它是否同意。"

泰戈尔是如此的宽容和蔼,他的回信又多么饱含智慧!

"幽默"二字太幽默了,每每使人不懂。用会心的微笑来解释就很恰当,而且容易理解。因为,"幽默"既不像滑稽那样使人傻笑,也不像冷嘲那样使人在笑后觉得辛辣。它极适中地使人在理智思考过后,在情感上产生会心甜蜜的微笑,这是最高级的幽默。幽默的种类繁多,微笑为上乘,傻笑也不错。含有思想的幽默,如萧伯纳的幽默,固然有益于人,无所为的幽默,如马克·吐温的幽默,也是幽默的正宗。

幽默的人生观是真实、宽容、同情的人生观。

幽默的人看见虚假的东西就发笑。所以不管你是虚假新闻,虚假广告,还是一大堆人崇拜、袒护、掩护、维护的虚假偶像,都敌不过幽默的哈哈一笑。只要它看穿了你的东西是假冒的,哈哈一笑,你便毫无办法。所以幽默的人生观是真实的,是与虚假

第一章 口才的魅力，别输在不懂幽默上

相对的。

幽默还是宽容的。《汉书·张敞传》中有张敞画眉的一段故事：

> （京兆尹张敞）常为妇画眉，长安中传张京兆画眉妩。有司以奏敞，上问之，对曰："臣闻闺房之内，夫妇之私，有过于画眉者。"上爱其能，弗备责也。

这故事固然好在张敞的幽默和诚实，更好在汉宣帝的幽默和宽容。若当时君臣板起面孔来，什么话都不好说了，张敞非得丢掉性命不可。汉宣帝不严于责人的宽容心就是汉宣帝的幽默。

幽默又是同情的，这是幽默与讽刺的不同之处。幽默绝不是板起面孔来专门挑剔人家的不好，也决不是专门对人说些俏皮、奚落、挖苦、刻薄的话。幽默甚至厌恶那种刻薄讥讽的做法。林雨堂说："幽默看见这不和谐的社会挣扎过活，有多少的弱点，多少的偏见，多少的迷蒙，多少的俗欲，因其可笑，觉得其可怜，因其可怜又觉得其可爱，像莎士比亚看他戏中的人物，像狄更斯看伦敦社会，虽然不免好笑，却是满肚子我佛慈悲，一时既不能补救其弊，也就不妨用艺术功夫著于纸上，以供人类自鉴。有时候社会出了什么大事，大家才不会冷酷地把一人的名誉用'众所共弃'四个字断送，而自以为是什么了不得的正人君子了。"

与口才

6. 正话反说的幽默作用

说出来的话，所表达的意思与字面完全相反，就叫正话反说。如字面上肯定，而意义上否定；或字面上否定，而意义上肯定，这也是产生幽默感的有效方法之一。使用这种方法能够在不直接指明对方错误的基础上，使他们自我反省并认识自己的错误。

有一则宣传戒烟的公益广告，上面完全没提到吸烟的害处，却相反地列举了吸烟的四大好处：一、节省布料。因为吸烟易患肺痨，导致驼背，身体萎缩，所以做衣服就不用那么多布料。二、可以防贼。抽烟的人常患气管炎，通宵咳嗽不止，贼人以为主人未睡，便不敢行窃。三、可防蚊虫。浓烈的烟雾熏得蚊虫受不了，只得远远地避开。四、永葆青春。不等年老便可去世。

这里说的吸烟的四大好处，实际上是吸烟的害处，却正话反说，显得很幽默，让人们从笑声中悟出其真正要说明的道理，即吸烟危害健康。

正话反说的幽默技巧当然不只可以用到广告宣传中，在面对面的交流中，这种幽默技巧也有广泛的使用空间。

丘吉尔为了出席宫殿举行的演讲，超速开车，以致被一名年轻警员逮住了。"我是丘吉尔首相。"丘吉尔不慌不忙地说。"乱说，你一定是冒牌货！"警官这么一说之后，大英帝国的首相谢罪了。他说："你猜对了，我就是冒

第一章 口才的魅力，别输在不懂幽默上

牌货！"

这么一来，警官面露微笑，放过了这位世界上著名的伟人。

丘吉尔在一本正经表明身份的时候，被警官怀疑。然后，他就换了一种方式，正话反说，这样反而使警官摸不清虚实，使得警官抱着一种"宁可信其有，不可信其无"的心态放过了他。当我们需要表达内心的不满时，也可以使用正话反说的幽默技巧，让别人听起来顺耳一些。

杰克（Jack）和他的情人想喝咖啡，但端上来的咖啡差不多只有半杯，这时杰克笑嘻嘻地对咖啡店主人说："我有一个办法，保证叫你多卖出三杯咖啡，你只消把杯子倒满。"

杰克巧妙地运用正话反说的幽默来表达失望感，却不致给对方带来难堪。也许杰克并没有喝到满满一杯咖啡，但杰克一定会得到友善、愉快的服务，咖啡店主人或许还会请杰克下次再光临该店。

这种正话反说的幽默技巧不仅被人们广泛使用，而且古人中的智慧者很久以前就已经能够成熟运用这技巧了。

秦朝的优旃是一个有名的幽默人物。有一次，秦始皇要大肆扩建御园，多养珍禽异兽，以供自己围猎享乐。这是一件劳民伤财的事，但大臣们谁也不敢冒死阻止秦始皇。这时能言善辩的优旃挺身而出，他对秦始皇说："好，这个主意

与口才

很好，多养珍禽异兽，敌人就不敢来了，即使敌人从东方来了，下令麋鹿用角把他们顶回去就足够了。"秦始皇听了不禁破颜而笑，并破例收回了成命。

优旃的话表面上是赞同秦始皇的主意，而实际意思则是说如果按秦始皇的主意办事，国力就会空虚，敌人就会趁机进攻，而麋鹿用角是不可能把他们顶回去的。这样的正话反说，因为字面上赞同了秦始皇，优旃足以保全自己；而真正的含义，又促使秦始皇不得不在笑声中醒悟，从而达到他的说服目的。

7. 机智性幽默的作用更大

幽默不是深思熟虑的产物，而是随机应变，自然而成的结晶。幽默往往与快捷、奇巧相连。

开往日内瓦的列车上，列车员正在检票。一位先生手忙脚乱地寻找自己的车票，他翻遍所有的口袋，终于找到了。他自言自语地说："感谢上帝，总算找到了。"

"找不到也不要紧！"旁边一位绅士说，"我到日内瓦去过20次都没买车票。"

他的话正好被一旁的列车员听到，于是列车到日内瓦车站后，这位绅士被带到了拘留所，受到严厉的审问。

"您说过，您曾20次无票乘车来到日内瓦。"

"是的，我说过！"

第一章 口才的魅力，别输在不懂幽默上

"您不知道这是违法行为？"
"我不这么认为。"
"那么，无票乘车怎么解释？"
"很简单，我是开着汽车来的。"

这位先生真是有"把稻草说成金条"的本事。无可非议，他以前做过无票乘车者，但能巧妙地运用幽默为自己开脱，列车员能拿他怎么办？这就是幽默的力量。

事事都求"自然成文"为好，幽默也是如此。有准备的幽默当然能应付一些场合，但难免有人工斧凿之嫌；临场发挥的幽默才是最精粹、最具有生命力的，也是最难把握的至高境界。

俄国学者罗蒙诺索夫生活简朴，不大讲究穿着。有一次，有位衣冠楚楚但又不学无术的德国人，看到他膝盖部位有一个破洞，便指着那里挖苦他说："在这个破洞里，我看到了您的聪明才智。"罗蒙诺索夫毫不客气地回敬："先生，从这里我却看到了另一个人的愚蠢。"

德国人借衣服破洞，小题大做、贬损别人，反映了他的无耻和恶劣的品质。罗蒙诺索夫抓住这点，机敏地选择了与聪明相对的词语"愚蠢"，准确地回敬了对方，使其自食恶果。

周恩来总理也是一个智慧的幽默大师，他的幽默绝无哗众取宠、故弄玄虚之嫌，无论是情感的流露，还是自信的表述，无不是随机应变，嫁接自然，使人在轻松自然中领悟其中的真谛。

与口才

在中国人民的老朋友——美国记者安娜·路易斯·斯特朗80岁的庆祝会上,周恩来就巧妙地抓住西方女士喜欢别人说她们年龄小的特点,并与中国特有的计量单位"公斤、公里"都比国际通用的"斤、里"数值小一半的情况联系起来。他笑着建议大家为斯特朗女士40"公岁"举杯庆贺。满座来宾听到他这幽默的话语,皆捧腹大笑,斯特朗更是笑出了眼泪。

从以上几个例子我们可以看出,随机应变的幽默也要借助其他一些事物。罗蒙诺索夫借助的是膝盖部位衣服的一个破洞,周恩来借助的是中国特有的"公斤、公里"的"公"字。下面这个例子中幽默的制造者则是借助了自己的职业。

英国作家狄更斯爱钓鱼。有一次,他正在一条河里钓鱼。

一个陌生人走到他跟前问:"先生,您在钓鱼?"

"是啊,"狄更斯毫不迟疑地回答,"今天钓了半天了,也没一条鱼上钩;可是在昨天,也是在这个地方,我却钓到了15条鱼!"

"是吗?"陌生人问,"那你知道我是谁吗?我是这条河的管理人员,这段河面上是严禁钓鱼的!"说着,那陌生人从口袋里掏出一本发票簿,要记下眼前这个垂钓者的名字并罚款。见此情景,狄更斯连忙反问:"那么,你知道我是谁吗?"

当陌生人惊讶之际,狄更斯直言不讳地说:"我是作家狄更斯。你不能罚我的款,因为虚构故事是我的职业。"

狄更斯在这里用变而又变的幽默手法，表现出了非凡的灵敏和机智。

幽默是一种生活艺术，是一种气质，是一种智慧的表现。幽默从机智出发，赋予机智以新的动力，同时也对幽默自身的意念、态度和手法产生影响。当机智在幽默中以其理性姿态出现时，则构成了机智性幽默这一新生物。

8. 智慧隐藏在糊涂的幽默中

莎士比亚在其著作《第十二夜》中，让主人公薇奥拉说出了这样一句话："因为他很聪明，才能装出糊涂人来。彻底成为糊涂人，要有足够的智慧。"

智慧有时就隐藏在假装糊涂的幽默中。在一些特殊的场合，我们常常会碰到一些意想不到的事情，处理不好着实使人尴尬万分。遇到这类情况时，想要化解难堪，不妨假装糊涂，幽默应变。下面是俄国诗人普希金的一个"糊涂"故事。

普希金年轻的时候经常参加贵族们在家里举办的沙龙，不过，那时候的他还不是很有名气。有一次，在彼得堡一个公爵家里举办的舞会上，他邀请一位年轻而漂亮的贵族小姐跳舞，这位小姐十分傲慢地说："我不喜欢两个人一起跳舞。"普希金微笑着说："对不起，亲爱的小姐，我不知道你在怀着孩子。"说完，很有礼貌地鞠了一躬。

与口才

普希金用假装糊涂的办法巧妙地回击了无礼的贵族小姐，使自己体面地下了台。类似上面这种突发情况下的假装糊涂，其实是一种高超的机智应变手段。我们再看看下面的这位女导演是如何运用这种手段的。

一次，拍完电影，演员们都去浴室洗澡了。这时有人给女主角打来紧急电话，导演慌忙去叫。

片场的三间浴室是给明星专用的，一进门是更衣室，里面才是浴室，如果人在里面洗澡，外面叫是听不到的。

导演不知道女主角在哪间浴室，情急之下推开了第一间浴室的门，哪知道却看到男主角光着身子对着门站在喷头下冲洗。

男主角的动作停顿了一下，女导演急忙转身，并赶紧把门关上。

"哦，对不起，李萍小姐！"

导演立即喊出了另一位女明星的名字，室内的男主角也嫣然一笑。

这位女导演故意以假装看错了人的糊涂做法，既不使男主角感到难堪，又使自己摆脱了尴尬。

幽默感的缺乏很多时候是因为我们已经习惯于直截了当的就事论事，而实际上，如果在出现问题的时候直接向他人道歉或对他人进行反驳，只会使自己更加难堪，适当地装装糊涂，幽默一下，反而能够巧妙地解决问题。假装糊涂的妙处就在于对真、假、虚、实的灵活运用，有时候尽管自己很清醒，还是装作糊涂

来迷惑对方，就能巧妙试探出对方的真正意图。

两个陌生人在别人的介绍下约会。小姐问先生："你有奔驰吗？"先生摇摇头："没有。""你有洋房吗？""没有。"小姐讪笑道："那么，看来我们也没有缘分！"

先生无可奈何地起身，自言自语道："难道非要我把宝马换成奔驰，把200平方米的别墅换成洋房吗？"

这位先生的糊涂装得真是有水平，听完这位先生的"自言自语"，小姐一定会后悔自己有眼无珠，同时也会为自己嫌贫爱富的势利心感到无比羞愧。

故作"痴呆"所表现出的幽默是智慧的产物，因为它往往对一些人所共知的或简单易懂的现象做出荒诞的解释或发挥，将人引向另一个不易想到的荒唐的思路上。

你不妨在适当的时候给你的朋友来点糊涂的幽默，你朋友脸红，你可以建议他少吃点苹果；你朋友脸黑，你就建议他少吃点窝头。你越是把不可能的事情凑到一块，就越能显出了你的"痴呆"，你的可笑，你的幽默和你的智慧。

 与口才

第二章 幽默社交，一开口就让人笑不停

幽默是人际交往的润滑剂、缓冲剂，就像一座桥梁拉近了人与人之间的距离，使心与心之间产生共鸣、达成默契、更加亲近。正如美国一位心理学家说的："幽默是一种最有趣、最有感染力、最具有普遍意义的传递艺术。"幽默的口才不仅能体现出一个人深厚的文化素养和丰富的文化内涵，还能折射出一个人的美好心灵，试问，一个具有如此魅力的人，有谁能不喜欢呢？

第二章 幽默社交，一开口就让人笑不停

1. 用幽默拉近距离

一个人在处境困难或身临尴尬时，说句幽默的话能创造一种宽松的气氛，拉近人与人之间的距离。

"师弟师妹们，你们好！我是小丫！"2007年5月，王小丫满脸笑容地出现在了四川大学文化中心的舞台上，为即将开始的《开心辞典》"智慧女生"选拔进行预热造势。

王小丫身着白色T恤和白色长裤，头发扎成了一个"朝天翘"，领口扎着一条鲜艳的丝巾，显得时尚而富有青春气息。

在活动现场，小丫不时地用四川话和台下的师弟师妹们交流，以至于她重新说回普通话时，好几次都没有读准发音。在大家善意的笑声中，小丫一脸憨厚地笑着自揭老底："我们在中央电视台，只要读错一个字，就会被罚扣200元。有时候四川话说多了，说普通话经常会出错，就经常被扣钱。我印象中最厉害的一次是，我那个月被扣得几乎就没有怎么领到过工资。"在大家的笑声中，小丫更幽默地补充道，"我看这趟成都跑下来，我回去一个星期的工资又没有了。"说到这里，小丫忽然发现，自己把"工资"两个字又说成了川普，她吐吐舌头，对着大家打趣说："你看，这又出去200了！"

王小丫读错字并没有受到嘲笑，相反大家觉得很亲切。而

且，王小丫自爆在中央电视台读错字扣工资，甚至有次自己一个月基本上没有工资可拿，更是让人觉得王小丫不再是高高在上的央视主持。她和大家一样会犯错误，而这也在无形中增加了"智慧女生"的自信心，不要害怕出错，努力就好。

如果你想在生活中给别人一个较好的印象，就应该巧用幽默活跃气氛。在社交场合更是如此。无论是主人还是客人，都有责任把活跃的气氛带进这种场合。当你跨进大厅，千万不要让冰霜凝结在脸上，须知一个面带愁容的人绝不会受别人欢迎，所以最好是神态自若。神态自若是难得的心理平衡的体现，它包含了面对自己的勇气与信心和对别人的宽容与真诚。

有位著名女演员，一次在一家餐厅吃饭，一位老年妇女走上前来，看着她的面部，然后略带遗憾地说："我看不出有多好！"这个演员神情自若地说："谢谢您的真诚，咱俩没有区别，都是一个鼻子，两个眼睛。"

可以说："使人能发出最美妙的笑声就是最好的奖赏。"许多场合，你可以通过讲述一段小笑话活跃气氛，这不失为一种缓和气氛的方法。

2009年8月23日下午，董卿来到南宁主持某助学活动的启动仪式。仪式上，有企业为一所农村小学捐赠25万元，当学校的校长带着几个受助孩子的代表出现在现场时，面对孩子们称呼的"姐姐"，董卿不改幽默的风格，忍不住对年龄最小的孩子说："你该叫我阿姨了。"一句话让孩子们方才紧张的心情都变得放松起来，孩子们开始大胆地要求董卿唱歌，并直接点出了歌名《明月几时有》。董卿笑着说："老师教育得好,连要求的歌曲都那么有诗意。为了这些孩子,今天我一定满足他们的要求,希望孩子们今后好好学习,孝敬父母,听老师的话……"于是她唱起了《明月几时有》。

董卿的歌声确实不错,歌声虽然比不上王菲,但是充满真情,赢得了大家阵阵掌声。正在兴奋点上的董卿似乎有点意犹未尽,笑着说:"谢谢大家稀稀拉拉的掌声。"结果,观众们的掌声更加热烈了。

掌声让董卿的幽默劲又上来了,她自嘲道:"看,有人就这样生生地把一流主持人变成三流歌手,但是今天我愿意!就算我不专业,就算忘记了歌词,我都已经被大家的爱心感动!我愿意为这些在祖国的角落里生活的孩子唱上一首歌!"董卿一番情真意切的话语,不禁让现场的人们深受感动,现场响起了当天下午最热烈的掌声。

面对台上的小朋友,董卿运用幽默和台上的小朋友开玩笑,帮助他们消除了紧张感,现场气愤顿时就热了起来。

2. 幽默可以缓解紧张气氛

幽默之心即是替我们的内心加上一层化装,偶尔须装疯卖傻愚弄自己。而且在悲哀的时候,也须在悲哀之中用博爱之心来宽慰他人。下面的四个朋友就是通过幽默夸大自己的弱点来安慰其他人的。

初秋的一天,四个商人忙里偷闲坐在公园的长凳上,边

与口才

欣赏云淡风轻的秋色,边闲谈起来。一个说:"我们四人是要好的朋友,干吗不趁此良机畅谈各自的缺点,好让我们彼此了解呢?"他这么一说,其他三人都点头同意。

一个说:"我好喝酒,常常是见酒不要命,不醉不罢休。"

其他三人听罢吃了一惊,心想,我一定要说得比他更惨些,要不他会为自己的缺点感到难过的。

接着,另一人说:"既然老兄如此坦诚,我不妨也实话实说吧,我好赌,有时,甚至想偷钱去赌。"大家又是大吃一惊。

第三个商人说:"老兄们,我真是伤透脑筋了,知道吗,我越来越喜欢邻居家的一个女儿,一个有夫之妇。"

听了这话,商人们更加吃惊。轮着第四个商人了,可他默不作声,其他三人再三追问,他才开口说道:"我真不知道如何启齿呀!"

"没关系,老兄,我们一定为你保密!"

"是这样的,我有一个改不了的毛病——好传闲话。"

在日常生活中,朋友之间在闲聊时,把幽默的言语作为一种调料,互相安慰,对增强彼此的自信心很有帮助。生病的人最需要安慰,安慰病人也确实有些讲究。说些善意的祝愿:"好好休息吧,你不久一定会康复的!"或直接询问病人的详细病状和调治方法,都不能算真正的安慰。那么,怎样才能给病人很好的安慰呢?某人因工作劳累生了病,卧床不起,他的朋友说:"你多么幸运啊,唯愿我也生点病,好让我也能安静地躺在床上休息几天。"类似这种用幽默的语言安慰病人的方法,往往会取得良好的效果。

第二章 幽默社交，一开口就让人笑不停

有人去探望一年中因旧病频频复发而第五次住院的老朋友，以自己战胜病魔的经过，作风趣的现身说法：

"这家监狱（医院）我非常熟悉，因我曾经是这里的'老犯人'，被'关押'在此总共12个月，对这里的各种'监规'了如指掌。我'沉着应战'，毫不气馁。有时，我自己提着输液瓶上厕所，被病友称作是'苏三起解'；有时三五天不吃饭，被医生称作为'绝食抗议'；有时接连几天睡不着觉，就干脆在床上'静坐示威'。300多个日日夜夜，我就这样'七斗八斗'斗过来了。如今我不是已经'刑满释放'了嘛！你尽管是'五进宫'，只要像我这样'不断斗争'，就一定会大获全胜！"

这番话说得老朋友和同室病人都乐了，大家的心情也都轻松起来，老朋友的病也似乎感觉轻了几分。看来，探病时的交谈十分需要幽默，因为被病魔缠身的人格外需要欢快的笑声。即使在人世间最大事件的死亡场合中，严肃而带幽默感的说辞，仍是最大的学问。丧葬的不幸事情，对任何人而言，皆是悲哀的事。如果前往丧家慰问时过于死板、正经的话，不但在他人的眼中变成虚伪的家伙，自己也未免觉得自己过于肉麻。此时就要利用到大家的幽默感了。

3. 用幽默改变尴尬处境

现实生活中，谁都难免会遇到让自己尴尬的事情，在当时，

与口才

如果可以掘地三尺，一定会毫不犹豫地钻进去躲起来。其实，你大可不必如此，面对生活中的令人尴尬的事情，你只要自然地幽上一默，就可以轻而易举地为自己救场。就像罗伯特·斯蒂文森所说过："一般掌握幽默力量的人，都有一种超群拔众的人格，能自在地感受到自己的力量，独自应付任何困苦的窘境。"

在实际生活中，我们之所以缺乏幽默感，不懂幽默之妙，就在于我们不能以轻松的心情去面对窘境，固守常理不放，习惯性地被窘境所困。所以，在我们遭遇尴尬境况时，要先在心理上保持平衡和稳定。

有一位著名的钢琴家去异地演出。当他兴冲冲地前往演出现场时，本以为会受到当地人的热烈欢迎。结果竟然出乎他的意料，台下好多座位都空着，现场观众不到五成。遭遇这样的"冷待"，钢琴家觉得尴尬极了。

但是，这位钢琴家并未因此就消极表演，并没因此取消演奏，相反，他很快调整了自己的情绪，以幽默的语言打破了窘境。他微笑着走向舞台，深深地鞠了一躬，然后，起身对现场观众说："我想咱们这个城市的人一定很富有吧，因为我看到你们每个人都买了两三张票，真是太感谢你们对我的支持了。"话音一落，整个大厅里充满了笑声。在场的观众立刻对这位钢琴家产生了好感，并聚精会神地开始欣赏他美妙的钢琴演奏。

钢琴家利用幽默改变了自己的尴尬处境，使演出得以顺利进行。他的成功之处就在于他能淡定地面对空座位的尴尬，并解释得如此荒诞奇妙，从而使得由幽默产生的喜悦之感大大胜过了演奏会失败的挫败感。

第二章 幽默社交，一开口就让人笑不停

这就是幽默的力量，不仅可以巧妙地化解可能陷入的尴尬，同时还可以征服别人，使他们对你投来赞赏的目光。

幽默主要表现为机智地处理复杂问题的应变能力。幽默来源于对世间事物的洞察，含笑去面对人生中的矛盾或冲突，它常是人们处于困境时实现自我解脱的一种方法。

苏格拉底是古希腊伟大的哲学家，他年轻时有一头非常漂亮的头发。后来，由于他潜心研究哲学，用脑过度，年纪大后，脑门和后脑勺上的头发都掉光了。一个有着一头漂亮金发的年轻人揶揄地问他："尊敬的大哲学家，是否头发越少，就意味着学问越多呢？"苏格拉底说："那可不一定，如果脑子里面是空的，即使长着一头浓密漂亮的头发，又有什么用呢？"

苏格拉底对别人的错误从不采取指责的态度，而是采取一种迂回的方式。

他的妻子是一个心胸狭隘并且性格冥顽的悍妇，每天对苏格拉底唠叨个不停，而且还会动辄破口大骂。有个人曾经问苏格拉底："您是一位非常有名的哲学家，你怎么找了一个这样的女人呀？"

而苏格拉底却幽默地说："你们有所不知，善于骑马的人往往会挑选一匹烈马，我如果能忍受住我妻子的话，那么天下就没有我难以相处的人了吗？"

用一句幽默的话将那些不愉快的事付之一笑，从而使紧张的气氛即刻云开雾散。苏格拉底正是利用幽默的语言，使自己在轻松的笑声中摆脱了尴尬局面。经过这些事后，他的妻子渐渐醒悟过来决心改掉自己的坏脾气。

在人际交往的过程中，会有许多我们不曾预料的突发情况

发生。当我们不幸陷入这种尴尬的处境时,我们需要保持沉着冷静,勇敢地面对问题,积极发挥自己的智慧,去寻找一切可以突破的因素,用幽默的趣言妙语去化解尴尬和紧张,由此将自己的人格魅力充分地展现出来,以其赢得更广泛的人脉。

4. 幽默风趣地打破僵局

在人际交往中,适当地使用幽默的语言,可以打破僵局,并且回敬对方不礼貌的言词,也可以使严肃紧张的气氛顿时变得轻松活泼起来,甚至可以缓和或解决矛盾。

张大千是我国现代著名的画家,他颏下留长须,讲话诙谐幽默。一天,他与友人共饮,座中谈笑话,都是嘲弄长胡子的。

张大千默默不语,等大家讲完,他清了清嗓门,也说了一个关于胡子的故事。

三国时期,关羽的儿子关兴和张飞的儿子张苞随刘备率师讨伐吴国。他们两个为父报仇心切,都争当先锋,这却使刘备左右为难。没办法,他只好出题说:"你们比一比,各自说出自己父亲生前的功绩,谁父功大谁就当先锋。"

张苞一听,不假思索地说道:"我父亲当年三战吕布,喝断坝桥,夜战马超,鞭打督邮,义释严颜。"

轮到关兴,他心里一急,加上口吃,半天才说了一句:"我父五缕长髯。"就再也说不下去。

这时,关羽显圣,立在云端上,听了儿子这句话,气得凤眼圆睁,大声骂道:"你这不孝之子,老子生前过五关斩六将之事你不讲,却专在老子的胡子上做文章!"在座的无不大笑。

张大千巧妙地套用了关于胡子的幽默故事,不仅使自己摆脱了众矢之的的困境,而且也反击了友人善意的嘲弄。

面对生活中可能引起麻烦的或者窘迫的事情,我们不妨借助一下幽默,就能帮你摆脱困境。

有一位主持人,在一次直播的节目的录制现场,欢快的音乐缓缓响起,主持人面带动人的微笑,迈着大方的步伐,深情款款地走上台来,显得非常有气质,突然,一不小心,迷人的主持人被设备线绊倒,台下的观众与电视机前的观众心想,这回这个主持人可丑大了,还有部分人幸灾乐祸地大笑着,这时主持人不慌不忙地站起来,说了一句:"我为大家的热情倾倒了,感谢大家对我的支持。"台下的观众都报以了热烈的掌声,无不为这位主持人的幽默与机智所折服。

文学家歌德,有一天在路上散步,路遇一位批评家,这位批评家曾对他的作品提出过尖锐的看法。他对迎面而来的歌德满脸不屑,大声说道:"我从不给傻子让路!"歌德笑答:"而我正好相反。"一边说,一边走到旁边。

歌德用幽默化解了一场无谓的争吵,充分显示了他的宽广心胸和大度的气量。

一个幽默的人,无疑是个魅力十足的人。幽默不是天才、高智商、喜剧演员的专属品。只要我们保持一种积极乐观的心态,

与口才

世界必然是光芒万丈。常看一些笑话故事,幽默小品和漫画等,你就掌握了更多的幽默素材,你一定能找到幽默并学会幽默。

5. 幽默可以减少社交中的摩擦

幽默是思想、才学和灵感的结晶,它能使语言闪耀出绚丽的光芒。列宁说过:"幽默是一种优美健康的品质。"因此,幽默也被认为是只有聪明人才能驾驭得了的艺术。日常生活中,人们都喜欢与开朗、机智、风趣的人交往。善用幽默可以减少社交中发生的摩擦。

有个男职员,他所在的公司被另一家大公司合并,巨大的人事变动使他感到很不如意,新同事对他也没有好感,周围关系很不和谐。有一天,他故作悲哀地说:"我看大家都愿意我被辞退,因为不管什么事情我都是落在最后。"没想到这句话收到了意想不到的效果。他的自嘲获得了一次和新同事们大笑的机会,这样,即使他真有拖拉和办事效率低的毛病,同事们看到他有一种诚恳的自我评价态度,对他产生了信任和亲近。

某大公司里的一位部门经理,他每天总想的问题是:"部门内的人是否真正喜欢我?"一次,他从外面走进办公室,发现手下的职员们正聚在一起唱歌,可是一见到他,就立刻匆匆忙忙奔向各自的办公桌。他没有大发脾气,也没有任何的不满意,只是说了一句:"看来你们唱歌的水平真是高呀。"这句话却产生了很好的效果。原来,这个经理过

第二章 幽默社交，一开口就让人笑不停

去总是板着面孔训人，批评别人总是"不许偷懒""工作时间不准娱乐"之类的话。这次他玩笑了一下，使职员们了解到他原来也有不为人知的一面，同时他也了解到，只要自己能和众人一起欢笑，只要自己能把大家所需要的东西奉献出来，那么也一定能得到自己所需的东西，就能与大家建立良好的工作关系。

人们在工作上往往会遇到很多障碍，其中有一个障碍就是心理上对新的工作岗位感到难以适应。究其原因，很大程度上来自对人际关系的忧虑。但挑战困难实际上也是一种机会。要知道，获得成功是要付出代价的，其中一种代价就是应该把自己的某种能力和专长放在一边，在与他人的交往上多下功夫。也许你是世界上最好的教师、职员、工人，但是让你当校长、经理或其他负责人的时候，你可能就会感到不能胜任，从而陷入困境。因为处理众多的人事问题要比发挥个人的才能困难得多。

例如，你不仅自己要有献身精神，还要帮助大家解决困难，取得部下的信任和拥护。否则的话，你就会一事无成，所有这些挑战，你应该看作是一种机会。机会便是动力。如果学会幽默，可以帮助你接受挑战，并且在实践中获得成功。幽默能使你轻松对待挫折和失败，从而使得自己走向成功。

现在，人们对幽默的评价越来越高，就连工商界的企业家们，也知道利用幽默的力量来改变他们的原有形象，改善公众对他们公司的看法。据一个材料上说，美国300多家大公司的领导参加过一次有关幽默的调查。调查结果表明，90%以上的领导者认为幽默在工商界具有很大的意义。60%以上的领导者认为幽默感在一定程度上能决定事业的成功。例如，克雷福特公司的总裁认为对于主管领导来说，幽默感是十分重要的，"它能表示领导

与口才

者们具有活泼的，富于柔情的心理。这样的人不会把自己看得太重，也不会把别人看得太轻，能够做出比较合理正确的决策。"还有一家公司的总裁从创造和谐愉快的人际关系的角度来看待幽默："应当承认，幽默是基本的原则之一，如果你能做出使自己和别人都感到快乐的事情，那么你就可能是一位好领导，或是一位好部下。"

人与人之间的隔膜，人与人之间性格的差异，竟是如此之微妙。多使用幽默口才就能消除人们之间由于误解可能爆发的指责和争执，促进建立友好善意的共事关系。幽默的作用是十分明显的，主要表现在以下几个方面：

（1）语言的润滑剂。使用风趣幽默的语言，可以拉近朋友间，尤其是新结识的朋友之间的距离，促使双方很快熟悉起来。

（2）缓和矛盾，避免尴尬。

（3）开展批评的手段。使用幽默的语言，使对方无法产生抵触情绪，以其达到批评的目的。

（4）自嘲作用。在公共场所，你不可避免地会碰到尴尬的处境。这时候，如果能用几句幽默的语言进行自嘲，便会缓解气氛，使自己走出困境。

当然，使用幽默语言不仅要才思敏捷，能言善辩，对生活具有深刻的体验和对事物有较强的观察力，而且还要有一定的文化素质和语言表达能力，反应迅速，能够随机应变。

美国一位心理学家说过："幽默是一种最有趣、最有感染力、最具有普遍意义的传递艺术。"此言甚是。只要我们注意观察，善于总结，不断提高自己，一定会成为一个富有幽默感的人，赢得更多的朋友。

6. 幽默是一种生动的沟通方法

第一印象是所有人际交往的开始,它直接关系到日后人际交往的走向。那么,如何能给人留下深刻的第一印象呢?你可能会提到友善、热情、开朗、宽容、富有、乐于助人等,但事实上,最重要的沟通技巧莫过于幽默了。因为,刚刚我们提到的这些人际交往中必备的正能量,在交际之初并没有太多机会展示,而幽默是一种最生动的沟通方法,通过幽默的沟通,能够使得这些正能量恰到好处地传达出来,从而给人留下深刻美好的第一印象,促进交际的进一步发展。

在实际生活中,我们在与不熟悉的人会面时,难免会出现情绪紧张、四目相对、局促无言的尴尬局面,使得沟通难以顺利进行下去。这时候,我们就需要有意识地运用幽默的沟通技巧来增进彼此的认识与了解,使得单调的气氛变得活跃起来,为沟通创建一个良好开端。

美国著名演说家罗伯特生平有许多朋友,其中,有些是文字之交,之前从未谋面。在罗伯特60岁生日,许多文友去为他庆生,他们中的大部分文友都是第一次同罗伯特见面,难免有些拘谨。这时,有几个比较熟悉的文友见罗伯特头秃得厉害,就劝他不妨戴顶帽子。罗伯特随即说:"你们不知道光头有多好,我是第一个知道下雨的人!"瞬间,整个生日宴会的气氛就变得轻松活跃起来。

正是罗伯特这句自我解嘲的幽默,让大家感受到罗伯特的平易近人,使得尴尬的气氛变得轻松活跃起来。仔细观察一下你身边那些交际达人,他们之所以招人喜欢,让人愿意与其交往。不仅因为他是个极有才华的人,更主要的原因就是由于他的幽默能够活跃气氛,给人留下深刻美好的印象,让人愿意与之亲近并效力。

美国作家马克·吐温是一个十分幽默的人。一天,他要去某个小城办事,临行前,他的一位朋友告诉他,那里的蚊子特别厉害,自己就曾在那里被咬得浑身是包,整个晚上被折腾得无法安然入睡。

马克·吐温来到一家旅馆投宿,他在看房时,发现那里的蚊子果真不少,而且一只超大的蚊子一直在他眼前盘旋。

"不好意思。"店员急忙驱赶蚊子。

"没关系",马克·吐温耸耸肩,"不过,这里的蚊子看来很'好客'啊,它竟然预先来到我的房间来接待我,以便夜晚光顾,饱餐一顿。"

听了马克·吐温的话,店员们情不自禁地都笑了起来。

马克·吐温本来已经做好被蚊子袭击的准备,但出乎意料的是,那一夜他睡得十分香甜。原来,为了不让这位幽默可亲的大作家被"聪明的蚊子"叮咬,旅馆全体员工居然一夜未睡,一齐出动驱赶蚊子。

幽默,不仅使马克·吐温得到了陌生人的特别关照,还赢得了一群忠实的朋友。这就是幽默的巨大作用。就像美国知名幽默杂志的主编雷格威所说:"原始人见面握手,是表示他们手上不带武器;现代人见面握手,是表示我欢迎你,并尊重你;而用幽默来代替握手,则是有力地表示我喜欢你,我们之间有着可以共享的乐趣,如此,陌生人成为朋友只需一分钟。"

其实,交友的难处就难在交友的方法上,一个人只要学会了幽默的沟通方法,让别人见识到自己的友善、机智和风趣,迅速消除心理上的距离感,那么接下来的交往就会变得水到渠成、顺理成章。

7. 拿自己说笑话,制造幽默

俗话说:家丑不可外扬。可是在幽默的领域里,"笑话自己"是一个得到了普遍认同的观点。瓦尔特·雷利(WalterRaleigh)说:"不论你想笑别人的哪一点,先笑你自己。"试想当一个人想说笑话、讲讲小故事,或者造一句妙语、一则趣谈时,取笑的是自己,其他人谁会不高兴呢。所以说,想要制造幽默,最安全的目标就是你自己。

美国幽默作家罗伯特就主张以自己为幽默对象,或者拿自己说笑话。运用这种方法,在生活中的各种场合,我们都可以发现笑料,引出笑声,为人们解除愁闷和紧张。长此以往,你就能获得一种幽默智慧,能够承受各种既成事实,更有信心去努力改善现状,也能够增加自己的亲和力。

有一位职员,上班时间趴在桌上睡着了,他的鼾声引起了同事们的哄堂大笑。他被笑声惊醒后,发现同事们都在笑他,有人道:"你的'呼噜'打得太有水平了!"他一时颇不好意思,不过他立即接过话茬说:"我这可是祖传秘方,

与口才

高水平还没发挥出来呢。"

在大家一片哄笑中，他为自己解了围。在幽默的领域里笑自己是一条不成文的法则，你幽默的目标必须时刻对准你自己。这时，你可以笑自己的观念、遭遇、缺点乃至失误，也可以笑自己狼狈的处境。每一个迈进政界的人都得有随时挨"打"的心理准备，如果缺乏笑自己的能力，那么他最好还是去干其他的事情。

一位丈夫要到广东出差半年，妻子半开玩笑地对他说："你到了那个花花世界，说不定会看上别的女人呢！"

丈夫笑了，幽默地说："你瞧瞧我这副尊容，猪腰子脸、罗圈腿、小眼睛、大鼻子、扇风耳，走到人家面前，怕是人家看都不看一眼呢。"

说得妻子扑哧一笑。

丈夫轻松随意的自嘲，隐含让妻子放心的意思。这比一本正经地发誓，更富有诗意和情趣。

一次，陈毅到亲戚家过中秋节。进门就发现一本好书，便专心读起来，边读边用毛笔批点，主人几次催他去吃饭，他不去，就把糍粑和糖端来。他边读边吃，竟把糍粑伸到砚台里蘸上墨汁直往嘴里送。亲戚们见了，捧腹大笑。他却说："吃点墨水没关系，我正觉得自己肚子里墨水太少哩！"

人们喜爱陈毅，难道和他的这种豁达、幽默的禀性没有联系吗？把自己作为笑的目标，以此来沟通信息，表达看法是最令人

折服、最能获得信赖的。你以取笑自己来和他人一起笑，这能够让他人喜欢你、尊敬你，甚至钦佩你，因为你用你的幽默向他人展现了你善良大方的品质。

威廉对公司董事长颇为反感，他在一次公司职员聚会上，突然问董事长："先生，你刚才那么得意，是不是因为当了公司董事长？"

这位董事长立刻回答说："是的，我得意是因为我当了董事长，这样就可以实现从前的梦想，亲一亲董事长夫人的芳容。"

董事长敏捷地接过威廉取笑自己的目标，让它对准自己，于是他获得了一片笑声，连发难的人也忍不住笑了。

幽默一直被人们认为是只有聪明人才能驾驭的艺术，而自嘲又被认为是幽默的最高境界。由此可见，能自嘲的人必然是智者中的智者，高手中的高手。自嘲就是要拿自身的失误、不足甚至生理缺陷来"开涮"，对丑处不予遮掩，反而把它放大、夸张、剖析，然后巧妙地引申发挥、自圆其说，博得一笑。一个人如果没有豁达、乐观、超脱、调侃的心态和胸怀，是无法做到的。自以为是、斤斤计较、尖酸刻薄的人更是难以望其项背。自嘲不伤害任何人，因而最为安全。

8. 掌握幽默的交友技巧

俗话说：在家靠父母，出门靠朋友。能够多交一些朋友，常

与口才

与朋友交谈、聊天，就会心胸开阔，信息灵通，心情开朗；也能取人之长，补己之短。遇到烦恼的事情，朋友可以安慰你；遇到什么难题，朋友可以帮你出主意；有什么苦衷，也可以向朋友倾诉一番；遇到什么喜事和值得高兴的事，可以和朋友说说，分享快乐。

在拥挤的公交车上，即使身体互相挤压，人们之间一般也无话可说。可是有这么一个人他突然就耐不住寂寞了，他说道："喂，各位，大家都吸一口气，缩小些体积，我挤得受不了啦，快成照片了！"大家就一起笑起来。陌生人之间都变得亲近起来，交流便由此开始了。

要找到志同道合的朋友并不是一件容易的事情。交友难，其实难就难在交友的方法上，幽默交友不失为一种有效的方法。陌生的朋友见面，如果幽默一点，气氛将变得活跃，交流会更顺畅。

著名国画大师张大千与著名京剧艺术大师梅兰芳神交已久，相互敬慕。在一次张大千举行的送行宴会上，张大千向梅兰芳敬酒，出其不意地说：
"梅先生，您是君子，我是小人，我先敬您一杯！"
众人先是一愣，梅兰芳也不解其意，忙问："此语做何解释？"
张大千朗声答道："您是君子——动口；我是小人——动手！"
张大千机智幽默，一语双关，引来满堂喝彩，梅兰芳更是乐不可支，把酒一饮而尽。

第二章 幽默社交，一开口就让人笑不停

大多数人都有广交朋友的心，苦的是没有行之有效的方法，如果我们能像张大千一样，注意感受生活，勤于思考，有一天我们也会变得和他一样幽默风趣，到那时候，对我们来说世界就不再是陌生的了，因为陌生人也会乐意成为我们的朋友。

两辆轿车在狭窄的小巷中相遇。车停了下来，两位司机谁也不准备给对方让道。对峙了一会儿，其中一个拿出一本厚厚的小说看了起来，另一个见了，探出头来高声喊道："喂，老兄，看完后借我看看啊！"

逗得看书的司机哈哈大笑，主动倒车让路。另一个司机则在车开过了小巷之后主动与看书的司机交换了名片，并真的向他借书看。

两人的家离得本就不远，后来两人就成了很好的朋友。

上面故事中向人借书看的那位司机真是将幽默的交友艺术发挥到了极致，因为本来用幽默的话语将矛盾的热度降低到零点，把车开出小巷之后就已经达到了目的，他却没有就此停止，而是通过进一步的幽默将两人发展成朋友关系。所以，当我们与陌生人发生冲突的时候，如果能幽默一点，大度一点，矛盾应该可以化解，敌意也能变成友谊。

朋友间的幽默，方式很多，只要"幽"得开心，"默"得可乐就可以了。

法国作家小仲马有个朋友的剧本上演了，朋友邀小仲马同去观看。小仲马坐在最前面，总是回头数："一个，两个，三个……"

"你在干什么?"朋友问。

"我在替你数打瞌睡的人。"小仲马风趣地说。

后来,小仲马的《茶花女》公演了。他便邀朋友同来看自己剧本的演出。这次,那个朋友也回过头来找打瞌睡的人,终于好不容易也找到一个,说:"今晚也有人打瞌睡呀!"

小仲马看了看打瞌睡的人,说:"你不认识这个人吗?他是上一次看你的戏睡着的,至今还没醒呢。"

小仲马与朋友之间的幽默是建立在一种真诚的友谊的基础之上的,丢掉虚假的客套更能增进朋友之间的友谊。可见,交朋友要以诚为本。朋友之间要以诚相待,互相关心,互相尊重,互相帮助,互相理解。爱人者人恒爱之;敬人者人恒敬之。关心别人,才会得到别人的关心;尊重别人,才会得到别人的尊重;帮助别人,才会得到别人的帮助;理解别人,才能得到别人的理解。

掌握了幽默的交友技巧,我们的朋友就会遍布天下,陌生人会变成新朋友,更多的新朋友将变成老朋友。

 与口才

第三章 职场达人，风趣的谈吐让你更受欢迎

在职场中，有这样一群人，他们不仅与同事之间关系和谐融洽，而且深得领导器重，更为重要的是，他们在事业上如鱼得水，步步高升。对，他们就是我们眼中的职场达人！那么，他们究竟是凭借什么修炼成办公室达人的呢？细心观察，你会发现，在这些职场达人都是懂得幽默的高手。

第三章 职场达人，风趣的谈吐让你更受欢迎

1. 运用幽默技巧应聘求职

随着我国市场经济体制的建立，自谋生路的就业方式给求职者带来挑战。甚至在过去被称为"天之骄子"的大学生想找一份好工作也不容易。当然，要谋到一个称心如意的职位，首先还要靠自身素质，但是其他因素也将对求职者的前途造成很大影响。比如在面试过程中，运用幽默技巧就有助于取得成功。请看下面这个例子：

一位刚毕业的大学生在应聘一个工作岗位时，要接受一项测验。当他做到其中一题——"cryogenics"是什么意思时，他停下来苦思。最后，这位大学生写下了他的答案："这个字的意思是我最好到别处去工作。"结果，他取得了成功。

富有创意的思想加上幽默的力量，往往能使应聘者被认可。创造力，加上幽默力量的推动，能帮助我们更有弹性地去处理事情。其实创造力能激发一个人在他生活和事业各方面的成就。我们可以运用富有创意的方式来达到某种目的，用它来寻求答案，有时要凭借幻想来发现，在大脑里设想："如果我这样做的话，会怎么样？"在美国，也有求职者利用幽默机智取得成功的故事。

美国中央情报局需要一个高级特工，前来应聘者需要经

与口才

受一系列的考验。

经过层层筛选，最后剩下了两男一女3名人选。马上就要进行最终考验以确定谁将获得这个高级职位。

主考官将第一名男子带到一扇铁门前，交给他一把枪，说道："我们必须确信你能在任何情形下服从命令。你的妻子就坐在里面，进去用这把枪杀死她。"这名男子满脸惊恐地问道："你不会是当真的吧？我怎么能杀自己的妻子啊！"于是他落选了。

接着是第二位男子，主考官交给了他同样的任务之后，他先是一惊，不过还是接过枪进了门。

5分钟过去了，没有一点动静，然后门开了，这名男子满脸泪水地走了出来，对主考官说："我想下手，但无法扣动扳机。"自然，他也落选了。

最后轮到那位女子。

当她被告知里面坐着她丈夫，她必须杀死他时，这位女子毫不犹豫地接过了枪，走进门去。门还没关严，就传来了枪声。

连续13声枪响之后，又传来了尖叫声和椅子的碰撞声。

几分钟后，一切又归于平静。

门开了，女子走了出来，擦了擦额上的汗水，生气地对考官说道："你们这些家伙，竟然不告诉我枪里装的都是空弹，害得我只好用椅子把他砸死了。"

这个故事说明无论参加何种面试，只要勇敢镇静，诙谐风趣，巧妙地、适时地、适当地转换话题，并且妙语连珠，谈吐不凡，便可取到立竿见影的效果。

2. 自我推销时加点幽默成分

在这商业化的社会上,虽然能力的高低是重要的决定因素,有积极推销自我能力的人也越来越多,但推销方法的高明与否则往往是成败的关键。有些人甚至就因为方法不好,虽然颇具才华,但却不能给人好的印象。如果在自我推销的过程中加入幽默的成分,相信会收到事半功倍的效果。

> 一个年轻人在找工作,他来到麦当劳应聘钟点工。
> 老板问他:"年轻人,你都会做什么?"
> 年轻人回答说:"我什么都不会,不过我会唱歌。"
> 老板说:"那你就唱一首歌试试吧。"
> 于是,年轻人就开始唱歌了:"更多选择,更多欢笑,就在麦当劳!"
> 老板一听就笑了,随后又问了他一些与麦当劳相关的问题。最后,年轻人被顺利录用了。

年轻人在面试中借助了幽默的力量,他首先就以唱歌的方式说出了麦当劳的广告语,不仅顺利博得老板一笑,同时还赢得了老板的赏识。

自我推销,说白了就是自我夸耀,为自己做宣传广告,为此,有些人会羞于开口。其实,你大可不必有任何顾虑和羞愧,一直以来,自我夸耀是所有商业行为的基础。没有自我夸耀,就不会有生意,更不会成功。日本百货业的巨人丸井百货公司在推

出可以签账购买任何东西的"绿色签账卡"时,有一句很幽默的自夸词:"除了爱人之外,什么东西都卖给你。"日本罗德企业集团在韩国的休闲购物据点罗德广场落成时,其企业总裁重光武雄也说了一句颇有幽默感的话:"除了葬仪社之外,我们应有尽有。"

但是,这里我们需要注意的是,在向别人推销自己时,如果言辞太过于自夸,在较含蓄的社会中还是不太容易被接受的。不过,同样是自我推销,若是由具有幽默感的人来说,可能就会动听得多。

美国职业棒球界的某选手曾夸耀他自己的跑步速度时说:"我若告诉你我能跑得多快,您恐怕会被吓死哦!只要我打出全垒打时,观众还没听到球棒打到球的声音,我人可能已经到一垒了。"

这位棒球职业选手没有直接夸耀他的速度有多么快,而是对事实进行一个描述,让对方自己去判断,从而更具说服力。

其实,在职场中,对我们的前途影响最大的就是领导了。所以,在领导面前,我们可以想方设法说些俏皮的话,进而博得领导的会心一笑,拉近同领导之间的距离,得到领导的认可和欣赏。由此一来,你在职场中自然会如鱼得水。

艳艳所在公司的工作业务量很大,几乎天天加班,但是工资待遇却很低。为此,她多次向老板提出加薪,都遭到老板的回绝。于是,艳艳决定换一种方式向老板提出申请。

这一天,艳艳来到老板办公室,反映说:"简直没办法到公司上班了!"

第三章 职场达人，风趣的谈吐让你更受欢迎

老板奇怪地问："为什么？"

艳艳一脸苦相地回答："坐公交车吧，挤不上去；打车吧，觉得车费太贵；自己买个汽车吧，每月连油钱都掏不出来。"

听了这话，老板给出意见："早起半小时走路上班，一分钱不花，还能锻炼身体，多好！"

艳艳摇摇头，说："不行，走路的话，鞋子肯定磨损得较快，每年得多买好几双鞋。而且，锻炼得多了，饭量相对也就大了，对我们而言，那也是一笔不小的开支啊。不过我倒有一个主意，您可以发个布告，号召大家赤脚走路来上班，并提倡大家一起减肥，这样问题或许就解决了。"

听到这里，老板不好意思起来，只好同意为她加薪，同时，也提升了其他员工的待遇。

领导在公司里掌握着生杀大权，说话幽默，得到领导的赏识和器重，你的前景也是一片光明。但在与领导一起幽默娱乐时，你得先做好自己的本职工作，甚至做得十全十美才行。如果一个人做不好本职工作，为公司创造不出效益，那你再幽默，恐怕也没有哪个领导会买账。

当工作太累的时候，很多职员都会偷个小懒，这时如果不幸被老板抓了个现行，你会怎么应对呢？

有一个图书公司正在搬家，经理号召所有员工出来搬书。其中，有一个职员非常卖力，每次都要搬一大摞书，几个回合下来，他有些累了，就打算歇一歇，少搬点。没想到，这次恰好被经理撞见了。经理实在看不过去，不得不开口说话。

经理说:"你看女员工每次都搬那么多书!你怎么搬这几本呢?"

员工说:"嗯?假如她们要懒到不像我搬这么多回,我也拿他们没办法。"

幽默的狡辩,经理也被逗笑了。

工人以幽默的语言为自己的偷懒行为狡辩,老板就算会批评他,也会比较随和,责罚也会轻一些。

可以肯定地说,自我推销的话多少有些吹牛成分。可是,现在是个自我推销的时代,强鹰若是不张爪,就捕不到好猎物。反倒是那些本身毫无才能,因装着尖锐假爪的劣鹰,却能时时大快朵颐。不过话虽如此,过分或过于低俗地自我炫耀,还是会招致别人反感的。因此,在自我推销时,必须是具有适度的幽默感,才能避免引起反感,并让人愉快地接受。

3. 用幽默帮你摆脱困境

工作是我们赖以生存和发展的手段。工作中,我们有成功的欢乐,也有失败的酸楚;有晋职的喜悦,也有加薪的愉快。但有时也难免出现人际关系的不协调,上下左右的不相容。如果运用幽默,我们的工作肯定会一帆风顺,卓有成效。

无论是因人事变动时被派到分公司,或转任较低职位的工作,都无须气馁颓丧。因为世事变化无常,就算被分至分公司,也是培养实力的大好机会。

第三章 职场达人,风趣的谈吐让你更受欢迎

某公司的职员被外调至分公司服务。决定人事变动的经理以安慰的口吻对他说:

"喂!你也用不着太气馁,不久以后,我们还是会把你调回总公司来的。"

那位被调的职员以第三者旁观的口气,毫不在乎地说道:

"哪里?我才不会气馁呢!我只不过觉得像董事长退休时的心情而已。"

这才是一个能做精神上深呼吸的人,面对外调,他不气馁,他懂得靠幽默来调节自己,从而能够使自己以良好的心态投入到新的工作中去。面对工作中的困难,我们除了要调节好自己的心态外,还能通过运用幽默与人分享笑,寻找一个共同的目标方式,来帮助我们在工作中取得他人的支持,从而摆脱工作困境。

卡普尔担任美国电话公共公司的最高行政主管时,有一次主持股东大会,会议中大家情绪非常激昂。会议的紧张气氛随着大家对卡普尔的质问、批评和抱怨而升高。

其中有一个女人不断质问公司在慈善事业方面的捐赠,她认为应该多些。

"公司在去年一年中,用于慈善方面有多少钱?"她带着挑战性的口吻地问。卡普尔说出有几百万时,她说:

"我想我快要晕倒了。"

卡普尔面不改色地说:"那样好些。"

最后,随着会场中大多数股东的笑声——包括他的挑战者们,紧张的气氛终于轻松下来。卡普尔将看起来似乎敌意的

与口才

幽默,转变为人性的力量,化解紧张的一刻,解除大家焦虑的心情。

面对挑战者,卡普尔幽默地表达了重要的信息:"我们的企业是人性化的,我们应该关心他人,关心社会慈善事业。"这样,就使挑战者认识到自己的自私和缺乏人情味,也使卡普尔得到了其他挑战者的理解和支持,从而顺利摆脱工作的困境。

不论你从事的是什么行业,不论你是个生手或熟手,老板或属下,幽默都能帮助你与他人的沟通和交往,帮助你解决工作中的一些问题并顺利渡过困难的处境。

工作中,面对自己的成就不能骄傲自夸,这会拉开你和别人的距离,使自己站在了所有人的对立面,这时不妨运用幽默,调侃一下自己的光荣和优点。

1950年,当布劳先生被任命为美国钢铁公司董事长时,有人问他对这个新职位的感想。他不愿表示兴奋,也不准备庆祝一番。

"毕竟,"布劳先生说,"这不像匹兹堡海盗队赢了一场棒球。"

布劳先生的幽默以对,显示出他为人不骄傲不自夸,能以新的眼光看待自己的荣耀,强化了自我形象,也更能赢得别人的尊敬。

我们认为"谦虚是美德",并不是说凡事都要过于谦让,不与人争。在靠着自己的才能取得工作成绩时,我们一方面要强调那只是"幸运"或"大家的帮忙",另一方面也要用委婉的方式表明自己的努力也是取得成功的关键。必要时,甚至不妨幽默地吹嘘一番。

第三章 职场达人，风趣的谈吐让你更受欢迎

一位英语能力很强，兼通各国语言的人，他可以很幽默地自夸说：

"我可以用英语、法语、德语、西班牙语来保持沉默，可是一旦有话要说，则只说英语。"乍听之下，好像他说的仅仅是很谦逊的话，事实上他幽默的话语中却充满着自信的自我宣传。有时候，对于工作成绩非常明显的人来说，即便是幽默的自我夸耀也是不必的，因为，他所做的一切都早已经在别人的眼里和心里了。这时候，他可以通过批评自己工作中的小失误的幽默方式来表现自己的谦虚，赢得员工、同事、上级等人的好感。

亨利在26岁时，担任了福特汽车公司的总裁，以前公司亏损严重，他上台后，大胆变革，扭亏为盈，虽然工作中也有许多小失误，但最终还是取得了很大成绩。

有人问他，如果从头做起的话，会是什么样子。他回答说："我看不会有什么非同寻常的作为，人都是在错误和失败中学到成功的，因此，我要从头来过的话，我只能犯一些不同的错误。"

亨利回避问话者的语言重点，故意避开自己的成绩不谈，反而拿自己在工作中的失误做谈论的话题，给人谦虚和平易近人的感觉。

最后，还要注意，面对工作成就，当你以幽默的方式表达出来的谦虚应该是一种发自内心的真诚的表达。

与口才

4. 同事之间需要点幽默感

　　幽默是一种最生动的语言表达手法,与幽默的人相处,谈话是一件非常有趣的事。在工作中遇到难题,如果这时以幽默调节,事情就很可能很快得以解决。如果你需要幽默力量来改善同事们的工作态度,你可以利用幽默的妙语来表明你的观点。

　　陈鹏在一个会计部门任职员。有一次发薪水的时候,他竟然收到了一个空的薪水袋。他没有气得暴跳如雷,也没有破口大骂。他只是去问发薪部门的人说:"怎么回事?难道说我的薪水扣除,竟然达到了一整个月的薪水了吗?"当然,陈鹏得到了补发的薪水。

　　陈鹏表现了对同事偶犯的错误持一种宽容的态度,而不把它看成一件了不得的事情,批评谩骂同事的愚蠢。他以自己的幽默与同事分享了轻松愉快的果实。这也正是不为所动、泰然处之的幽默所要收到的效果。
　　我们如果不能领略到别人的幽默对自己的裨益,也就不太可能以自己的幽默来激励别人。为了表现我们重视别人所带给的好处,应该时时保持乐观的态度,同别人一起欢乐。

　　一位男士对即将结婚的女同事打趣地说:"你真是舍近求远。公司里有我这样的人才,你竟然没发现!"她的女同事开心地笑了。

第三章 职场达人，风趣的谈吐让你更受欢迎

对上面这位男士的玩笑，女同事没有说他轻浮，反而感激他的友谊和欣赏。笑的热流流淌在两性之间，总是使人觉得弥足珍贵。当同事期望太多、要求太多之时，我们还是可以用幽默表达我们不同的意见。

同事是自己工作上的伙伴，与同事相处得如何，直接关系到能否把工作做好。同事之间关系融洽，能使人们心情愉快，有利于工作的顺利进行；同事之间关系紧张，经常互相拆台，发生矛盾，就会影响正常的工作，阻碍事业的发展。

幽默的力量能帮助你在工作上与同事建立融洽的关系。与同事分享快乐，你就能成为一个被同事喜欢和信赖的人，他们会愿意帮助你实现工作目标。甚至当你和同事的志趣并不相同时，快乐和笑的分享也能令同事感受到心灵的默契。

过去人们常说仆人眼中无伟人，同样，在同事眼里也无完人。你的同事身上往往有这样或那样的毛病，这很正常，就像在你自己身上也有这样或那样的毛病一样。在现代职场上，你不能对自己的同事有太高的期望，因为大家毕竟都是凡人；如果你在同事身上看到有阳光的一面，那在他身上必然会有阴暗的一面。相反，如果你不幸地看到了同事身上的阴暗面，那也并不代表他们没有阳光的一面。所以，你对人要宽容一些，要学会接受期待与现实之间的落差。

不过，还是有很多人只是看到同事身上的小缺点，而对同事的优点视而不见。下面这种抓住同事的缺点进行讽刺挖苦的做法就要不得。

某公司的销售部，有个叫金鹏的销售员，他年轻时候长过很多青春痘，满脸都是疤痕。一天，一个职员贼兮兮地跟

与口才

另一个职员说:"嘿,看张图片,你猜是谁?"

众人挤过来一看,原来是一个橘子皮。

"你拿金鹏的照片干吗?"其中一个人喊。

大家爆笑,于是橘子皮先生就成了金鹏公开的绰号。

金鹏本人感到十分委屈,且恼火万分。

总经理实在看不过去,有一次更正道:"我知道大家最近都说金鹏是'橘子皮'。但就算真像也不能这么说啊。太不照顾同事的情绪了。""我宣布,你们以后再说起他的长相时只可以说:金鹏,咳咳!他长得很提神。"

真正具有幽默感的人能看到同事的优点,使自己对同事的行为保持乐观积极的态度,而不是着眼于同事的错误和缺点。我们应该敞开胸怀,去了解、接受同事的小错误,增进彼此的工作关系。

某公司有一位爱喝酒的员工,经常会因喝酒太多而耽误工作。他的同事在对他的评价时这样写道:"他这个人很诚实,忠于职守,而且'经常是清醒'的。"

通常,这种难以看到同事优点的人在工作上不会十分顺利。而在职场上做一个对同事宽宏大量的人,即使你同事的身上有这样或那样的缺点和毛病,毕竟这些缺点和毛病,并不会对公司的利益和你个人的发展构成威胁。如果你善于体谅和宽容的话,那么,你就会看到同事身上的优点比缺点多得多,你也就能与同事更好地相处,你的工作就会轻松得多;然而,现实中同事之间总有许多矛盾发生,这多是一些人宽于律己、严以待人造成的。

宽容的好处还在于它会使别人喜欢接近你,从而使你在以

后的竞争中得到更多的支持。公司是一个讲究团队合作精神的地方，你必须有全局意识。如果你遇事不够宽容，那给人的感觉就是你是一个目光短浅和心胸狭窄的人。这种只看重眼前利益的人在现代职场上不会有什么作为。

5. 幽默可以拉近你与上司的距离

要消除与上司的距离感一定要把工作干好了，甚至做得十全十美。大多上司都是有文化之人，要是想拉近语言间的距离，你在语言的技巧中要下些功夫，一般说来，幽默的语言效果应该不错。

职员："经理，您实在是爱好工作的人！"
经理："我正在玩味这句话的含意。"
职员："因为您一直都紧紧地盯着我们，看我们是不是正在工作。"

职员通过开经理的玩笑，拉进了同经理之间的距离，何况经理也是一个幽默的人。与上司开玩笑还要注意把握好时机。最好时刻留意能够和上司面对面谈些风流俏皮话的时机，比如两人并列在一起方便或洗手时更机不可失。同时，那种时候也是你们日后能够说悄悄话，当上司心腹的大好时机。另外，幽默地"冒犯"上司也是拉近双方距离的好办法。

美国前总统柯立芝就曾因为自己的沉默和严谨而被人用

与口才

幽默的方式"冒犯"过。有一次他去华盛顿国家剧院观看戏剧演出。当看了一半的时候,他就有些瞌睡了。演员马克停下歌唱,走到前面,朝总统喊道:"喂,总统先生。是不是到了您睡觉的时间了?"总统睁开眼睛,四下里望望,意识到这话是冲着自己来的。他站起来,微笑着说:"不。因为我知道我今天要来看您的演出,所以一夜没睡好,请继续唱下去。"

这则幽默对话,表现了演员的直言不讳和幽默,也表现了柯立芝总统所具有的幽默感。演员根本没有开罪总统,相反,倒成了总统的好朋友。由此可见:以下犯上的幽默使用得适时适度,往往能够拉近与上司的距离,赢得上司的理解和信任。在使用这种以下犯上幽默技巧时,利用贬谪,再以下一阶段的奉承做鲜明的对称,即可使其效果倍增。

经理,你对酒家那个女孩太过分了吧!真是太过分了!让那种女孩子眼泪汪汪的,真是男人的奇耻大辱啊!不过,您也实在厉害呀!经理。

这表面上虽是一句贬谪的话语,但实际上却是赞赏的好话:"经理实在是个高手呀!"这就是明贬暗褒的奉承话。

幽默可以帮助我们拉近与上司的距离。不过生活中任何事情都不是绝对的,与上司之间距离的远近也同样如此,这种距离不可太远也不可太近。如果一个人不认认真真地做好本职工作,成天围着上司转,说好话、空话,刻意拉近关系;或整天坐在那里等着上司安排工作,像个提线木偶一样,上司拽一下,你才动一动,无形中疏远了上司,都是不可取的。

第三章 职场达人，风趣的谈吐让你更受欢迎

对于许多职员来说，最大的苦恼莫过于工作努力，却得不到领导的赏识。美国人力资源管理学家科尔曼说过："职员能否得到提升，很大程度不在于是否努力，而在于老板对你的赏识程度。"那么，怎么才能脱颖而出呢？对上述问题很苦恼的人或是想要有一番作为的人，可以试试在领导面前化严肃为幽默的交流方法，或许有收获。

某公司开始实施销售业绩倍增计划时，主管召集下属严厉地训话：

"各位，现在是我们加油的时候了。从明天开始，早上七点半大家就要到这里集合。八点的钟声一响，大家就要立刻外出去推销！"

大家都不满地抱怨时间太早。

这时有位凡事讲求效率和正确性的员工，不慌不忙地反问道：

"请问……是时钟开始敲八下时，还是敲完八下才往外跑？"

主管过于严格的要求可能会招致他人的不满，这时上面这位聪明的员工就使用幽默的语言把众人的注意力转移到自己的身上，使尴尬紧张的气氛重新轻松下来。员工的这个幽默既帮了主管的忙，又使主管看到他较强的时间观念，从而使他获得主管的赏识。

领导不论身居什么样的要职，也都是人不是神，他一样会有普通人的喜怒好恶，也可能在个人喜怒好恶的支配下说出一些令人尴尬的话，做出一些有可能招致误解的举动。此时，下属应抓住人们对领导言行错愕不解的心理，采取适当的举动顺水推舟，

与口才

把领导无意中说出的过于直白、犀利的话朝幽默的方向引导,使人们认为领导在开玩笑,从而放松了紧张的情绪。这就让领导觉得你是和他站在一边的,你自然也就获得了领导赏识和信任。

6. 善用幽默征服下属

一个精明的领导者要学会征服人心。征服人心的方法很多,但是,在任何场合都适用的方法就是幽默。学会幽默,管理者在管理的过程中就会得心应手,游刃有余。

身处高位的企事业负责人,在人们的心目中往往有一种高不可及的印象,而有远见的高层人士往往希望运用幽默力量来改变他们在公众之中的形象,改善大家对他所领导的公司的看法。而这种形象的树立,就是建立在高层领导人借助幽默对下属进行人性化管理的基础之上的。

有家公司为了教导主管们做人性化的管理,特别为主管们安排了有关沟通的教育训练课程。

上了一个星期课之后,有位主管在责备老是严重迟到的一个下属时,挖空心思,想在骂他的时候又能保住他的面子。

他把这个下属找来,面带笑容地对他说:

"我知道你迟到绝对不是你的错,全怪闹钟不好。所以,我打算定制一个人性化的闹钟给你。"

这个主管对下属挤了挤眼睛,故作神秘地说:"你想不想听听它是怎么人性化的?"

第三章 职场达人,风趣的谈吐让你更受欢迎

下属点点头。

"它先闹铃,你醒不过来,它就鸣笛,再不醒,它就敲锣,再不醒,就发出爆炸声,然后对你喷水。如果这些都叫不醒你,它就会自动打电话给我帮你请假。"

上级在对下属进行管理中,批评与责备有时是必须的,不可缺少的。然而,事实上,一贯的指责和批评很难使自己的下属俯首称臣,也难以取得好的管理效果。鉴于此,如果在管理中采用夹带着浓厚幽默语气的人性化批评,通过满面的笑容来进行管理,那就冲淡了批评与责备的意味,在说者无意、听者有心的情况下,保全了对方的自尊,也达到了管理的目的。

有一位叫K的年轻人,他所在公司的经理对下属非常严厉,公司员工都叫他"雷公"。有一天K从外面回来,看到经理位子是空的,以为他不在,就对同事说:"'雷公'不在吗?"

说完发现屏风另一边,经理正与客户谈生意。经理听到了他的话,K坐立不安,以为大祸临头。客户走后,经理来到了K身边,K惊恐地向经理道歉。没想到经理微笑道:"你们的雷公并不一定夏天才会响的。"

K听了这句话,比平常挨骂效果好上百倍。经理也通过幽默改变了在员工中的形象。

K的经理改变以前严厉的管理风格,尝试使用带有幽默感的人性化管理方法并取得了良好的效果。

作为领导,当你运用幽默力量去管理下属时,你会发现不仅更容易将责任托付给人,而且能更自由地发挥创意的进取精神。

与口才

幽默能改善你的将来——因为你的属下或同事会认同你,感谢你坦诚相待的品格,以及分享笑声、轻松面对自己的能力。

美国前总统柯立芝有一位漂亮的女秘书,人虽长得不错,但工作中却常粗心出错。一天早晨,柯立芝看见秘书走进办公室,便对她说:"今天你穿的这身衣服真漂亮,正适合你这样年轻漂亮的小姐。"

这几句话出自柯立芝口中,简直让秘书受宠若惊。柯立芝接着说:"但也不要骄傲,我相信你的公文处理也能和你一样漂亮的。"果然从那天起,女秘书在公文上很少出错了。

后来,一位朋友知道了这件事,就问柯立芝:"这个方法很妙,你是怎么想出来的?"柯立芝得意洋洋地说:"这很简单,你看见过理发师给人刮胡子吗?要先给人涂肥皂水,为什么呀?就是为了刮起来使人不痛。"对下属进行人性化的管理,你将会受益无穷。

在管理者与下属之间,很容易在问题的认识上出现意见分歧,进而产生矛盾。但是,懂幽默的管理者是不会让这种不协调的关系加剧的,因为他们善于运用幽默的沟通技巧与下属进行沟通,他们懂得将自己的"意见"幽默地说成"建议",从而使得下属能按照自己的意愿做事。

面对比较着急完成的工作任务,一位聪明的部门主管曾这样幽默地要求一个着急跟男朋友约会的女员工留下来加班。

主管:"我的头脑已经落伍了,顶多算是486的配置,

而你们年轻人的头脑可是酷睿玖核呢，既然配置升级了，速度也该升级才是，所以要把那份报告材料尽快整理出来给我。"

女员工："没问题，我会尽快完成。"

可见，懂幽默的管理者往往更容易说服下属，使得下属的价值观跟自己的趋同。

只要你善用幽默征服下属，真心替下属着想，使他们在轻松愉悦的氛围中工作，那么所有的问题都会迎刃而解。与此同时，下属自然也会替你着想，维护你、拥戴你，你便可以无往而不胜。

7. 小幽默帮你摆脱工作的单调乏味

在很多人看来，同事在一起没话聊，尤其是当彼此存在一些利益纠葛时，关系就会变得更加紧张。其实，除了家人，同事是和我们在一起相处时间最长的人了，如果我们每天都如此拘谨，不仅会使工作越发枯燥，还会让生活更加乏味，久而久之，甚至会厌烦你所从事的工作。

为了消除这种紧张的工作氛围，你可以尝试添加一些幽默元素，为闲聊增加一些乐趣，从而消除人与人之间的敌意，营造出一种亲近和谐的人际氛围。

最近，由于天干物燥，加之工作繁忙喝水又少，小王的嘴唇由于干裂而出血了。

与口才

小王的同事小张看见了,关心地问:"你的嘴唇都裂开口了,很痛吧?多长时间了?"

小王满不在乎地擦了一下血迹:"没事儿,刚裂。"

同事A:"你活到现在,什么时候最穷?"
同事B:"刚出生的时候。"
同事A:"为什么?"
同事B:"浑身赤裸裸,一无所有。"
同事A:"你怎么知道的?"
同事B:"我妈常跟我说,把我从光屁股拉扯大的。"

在工作间隙时,与同事交谈不妨多用一些幽默话语,这样不仅能缓解紧张的工作氛围,帮助同事放松神经,增添办公室情趣,还能让你的形象也变得更可爱、更亲切。

年底,小宇所在公司的事务特别多,他的同事个个精神状态不佳,看起来十分疲惫。经理见状,把所有职员召集到厂区的操场上,要求每位职员都围着操场跑上六圈,用来提神解困,增强体质。

小宇平时就缺乏体育锻炼,当跑到第四圈时,他已经累得举步维艰,上气不接下气。于是,他大着胆子向经理撒谎道:"报告经理,我都已经跑九圈了,为什么还不让我停下来啊?"

经理故作惊讶地说:"是吗?那怎么办?我怎么好意思让你吃亏呢?那这样,你现在立刻向后转,再跑三圈,这叫多退少补。"

其他同事听闻后哈哈大笑,顿时精神倍爽。

第三章 职场达人，风趣的谈吐让你更受欢迎

这位经理见到员工工作状态不佳，便巧用体育锻炼和幽默语言，不仅缓解了员工身心的疲惫，使其精力充沛地投入到工作之中，同时，也必然使他深受员工爱戴。

在实际工作中，经常会有一些我们始料不及的突发事件发生。这时，我们应该保持镇静，适当时机不妨用幽默来调节一下气氛。

一次，马连良先生演出《天水关》，他在剧中饰演诸葛亮。在演出前，饰演魏延的演员突然因病不能上场，一位同事便毛遂自荐，临时替演魏延。当戏演到诸葛亮升帐发令巧施离间计时，饰演魏延的这个同事本应该退场，可他想跟马连良开个玩笑，于是，便赖在台上不走，还摇摇摆摆地对着诸葛亮一拱手，粗声粗气地说道："末将不知根底，望丞相明白指点。"

这个突如其来的情况并未难倒马连良。他先是微微一怔，随后对"魏延"一笑，说道："此乃军机，岂可明言？请魏将军站过来。"

这位同事便凑到马连良跟前，看他这个"诸葛亮"到底有什么计策应对。只见"诸葛亮"稍微侧了一下身体，俯在"魏延"耳边轻声说了几句话，那"魏延"顿时微笑起来，口中连呼："丞相好计！丞相好计！"

说罢，魏延便高高兴兴地退场了。

这是一段临场随意加的戏，连台下的老观众也没看出其中的端倪。其实，当时马连良只是笑着对存心捣蛋的同事骂了一句："你这个王八蛋，还不快点滚下去！"

演员演戏,翻来覆去地演,即使再精彩的戏也会让演员自己觉得单调而枯燥。对于马连良和他的同事一唱一和上演的这场"加戏",表演得也是天衣无缝,台下观众没有看出任何漏洞。后来,这段加戏成了剧场中的一段佳话,一直被演员及观众们津津乐道。

不过,此类玩笑只适合在熟识的同事面前开,如果对方是不熟悉的同事,甚至在工作上存在竞争关系的那种,这样的幽默恐怕就有整人之嫌了。

职场中,同事之间保持正常交往,能大大提高工作效率。但是,需要注意的是,我们跟同事玩幽默不能无所顾忌地乱开玩笑,应该注意性别,把握分寸、分清场合。

在一次聚会,达尔文和一位迷人的女士亲切地攀谈着。女士嬉笑着问道:"亲爱的达尔文先生,听说你曾断言,人类都是由猴子变来的。那么,我是不是也属于您的论断之列呢?"

达尔文彬彬有礼地回答:"那当然。"

听他这么回答,女士有些不悦,板着脸问道:"怎么,您看我跟猴子长得很像?"

达尔文见状,连忙微笑着解释:"是的,不过,您不是由普通的猴子变来的,而是由美猴王变来的。"

女士听了这话,马上多云转晴。

达尔文的幽默极其简单,可以看作一种微笑式的称赞。但是,这种简单的幽默可以取得非常不错的效果,不仅能让你坚持自己的观点,还能巧妙地赢得对方的好感。

作为一名职场人士,建立良好的职场关系,得到同事的尊重，无疑对你未来的生存和发展有着重要的意义。而且，人际关系和谐，工作环境也会变得轻松愉快，这会帮助你摆脱工作的单调和乏味，树立良好的心态去面对工作和生活。

8. 幽默地拒绝上司

在职场上，有这样一群人，为了取悦上司，他们从来不会拒绝上司分派的任务，只要上司下达了命令，无论是分内的还是分外的，该做的不该做的，他们都会全部承担下来，最终把自己弄得身心俱疲，也未必会得到上司的赏识，甚至还会因为做得不够妥善完美而遭到上司的批评指责。

其实，对于上司提出的不合理要求，我们一定要学会拒绝。为了避免直接拒绝带来的负面性，我们可以往语言里加一点幽默的调料，这样，不仅能维护上司的面子，还可以给自己解了围，可谓是"一举两得"。

拒绝的话确实很难说，一旦说得不好就会得罪人，所以，在拒绝别人的时候，最重要的一点就是含蓄委婉。如果拒绝时直接把"不"字说出口，就会显得不委婉、不含蓄，会让对方难以接受。如果你先用幽默的语言避开主题，然后再委婉点破，就可以让上司在欢笑中理解你的处境。

例如，如果上司经常要求你加班，多得令你感到厌烦时，你不妨学习一下下面这位员工的幽默技巧。

与口才

最近经常让下属加班的经理问员工:"很抱歉,这段时间一直让你加班,你爱人没有对你抱怨什么吧?"

员工答道:"也没什么,不过今天早上我出门时,我太太跟我说了这样一句话,让我很忧虑。"

经理问:"她说了什么呢?"

员工说:"她说,'亲爱的,你今晚还会加班吗?'"

经理问:"那你如何回答她呢?"

员工回答:"我说,'嗯!可能吧!'"

经理问:"那她怎么说的呢?"

员工回答说:"她说,'那你一定要真的加班哦!最好别太早回来哦!'"

紧接着,员工又故作困惑地说:"老板,你说我要是再加班下去的话,我太太是不是就要往外发展了?"

员工这么一说,相信即使再刻薄冷血的上司也不会回答:"你就让她去往外发展好了。"

这就是幽默的力量,以幽默的话语轻松地回避开主题,巧妙地抓住上司的心理,使他自然而然地产生一种同情心,进而达到自己的目的。这种方法任何人都可能办得成,而且成功的概率非常高。

因此,工作中,面对上司的一些无理要求或自己确实无法办到的事情,我们在拒绝的时候最好把话说得幽默点。下面,就向

你介绍几种常用幽默的拒绝方式。

（1）含蓄指明其不合理性

面对上司的要求，你可以含蓄地指明其不合理性，让对方明白自己的行为存在不妥之处。比如，汉森的朋友在他生日之际集资了2万美元，想为他立一个纪念碑，汉森并没有正面回答，而是说："你不必如此大费周折，把这笔钱给我吧，我自己站在那里就好了。"含蓄地指明朋友这样的做法过于奢侈。

（2）假装糊涂

面对上司的要求，你可以假装糊涂，用幽默的话语搪塞过去，让对方明白自己的坚定立场。例如，有一个马场老板，带着新来不久的女员工骑马巡视马场。走着走着，眼前出现两匹马，一公一母，它们竟然交颈亲热起来。马场老板满脸向往地对女员工说："你看，那正是我想做的。"女员工没有生气，而是咯咯一笑，爽朗地说："尽管去做吧，反正它们都是属于你的。"面对马场老板的暧昧暗示，这位女员工故意装糊涂、开玩笑，让老板吃了个大软钉。这种反击式的幽默，对于应付职场骚扰非常管用，紧抓住对方言辞、肢体的小辫子予以反击，比迎头给他泼一盆冷水更有效。

（3）故意胡搅蛮缠

面对上司的要求，你可以故意胡搅蛮缠，比如，面对上司相约周末一起去钓鱼，"妻管严"丈夫可以回答："其实我也是个钓鱼迷，很想去一展身手的，可结婚以后，周末就被一个女人没收了。"相信上司听后，一定会哈哈大笑，也就不再勉强你了。

（4）巧用假设法

面对上司的要求，你还可以用假设的方法，虚拟出一个可能出现的结果，而这个结果恰好就能成为你拒绝的理由。例如，萧伯纳的女友向他求爱："如果我们结合，有一个孩子，他有着和你一样的脑袋，和我一样的身姿，那该多美妙啊！"萧伯纳回答："依我看那个孩子的命运不一定会那么好，假如他有我这样的身体，你那样的脑袋，岂不是糟糕了吗？"

在职场中，在拒绝上司时，不要急切、直接地表明自己拒绝的态度，而要善于使用幽默的语言，巧妙地拒绝上司，既不直接驳了上司的情面，又能够让上司理解自己的处境而欣然接受。

9. 幽默一点提意见更容易接受

在工作中，有时为了工作的顺利开展，为了协调好各种关系，我们需要向我们的同事或者领导者提意见。如果你提意见的态度和方式过于强硬，就会引起同事、领导的不满，从而影响你在职场的人际关系乃至你未来的前途。这时，我们要运用幽默的语言技巧，幽默一点提意见，那么，他人才能愉快地接受。

在与同事相互协作的过程中，同事之间免不了有不同的看法，这时最好以商量的口吻提出自己的意见和建议，语言得体是非常有必要的。最好尽量不要使用"你从来也不思考……""你总是弄不好……""你一点也不懂……"这类绝对否定对方的措辞。如果能添加一些幽默元素，不仅能够拉近彼此的心理距离，而且会在气氛和谐中收到事半功倍的效果。

> 一名女员工星期一上班又迟到了。负责考勤的男员工问她："女士，你星期天晚上有没有时间？"
>
> 女员工回答："当然有，先生！"
>
> 男员工笑着提醒道："那就请您早点休息，以免您每个星期一早上上班迟到！"
>
> 女员工羞愧地点点头。从那以后，她再也没有迟到。

男员工对女同事的提醒是善意的，又以幽默委婉的方式表达出来，女员工自然会更乐于接受。在向同事表达出自己的想法和要求时，首先我们应该以尊重对方为前提，不能伤害到对方的自尊心，同时，我们也应该有一个真诚、坦白的态度，让同事觉得我们是希望得到合作，而不是故意在挑他的毛病。

正所谓"人无完人"，每个人的身上或多或少都会存在一些毛病，因此，对待同事，我们也不能苛求。如果你在同事身上看到有阳光的一面，那在他身上必然会有阴暗的一面。相反，如果你不幸地看到了同事身上的阴暗面，那也并不代表他们没有阳光的一面。所以，对待同事要宽容一些，要学会接受期待与现实之间的落差。

> 有一家公司的餐饮部，伙食非常糟糕，收费却很贵，职

员们经常抱怨吃得不满意,甚至还骂餐厅负责人。

这一天,一位职员买了一份菜后叫起来。他用手指捏着一条鱼的尾巴,从盘子里提起来,对餐厅负责人喊道:"喂,你过来问问这条鱼吧,它的肉去哪里啦?"

当你对同事的某些做法不满时,你也要向这位职员那样,善于克制自己的情绪,委婉地表达自己的意见。幽默的语言可以使同事在笑声中进行反思。出现分歧时,要真诚、坦白地说明自己的想法和要求,同时,要善于聆听,能够耐心、仔细地听同事的意见,从中发现合理的部分,并及时给予肯定或表明自己的想法。

在职场中,有时我们还会遭遇一些不公平的待遇,这时,我们就需要领导者出来主持公道。可是,碍于领导的威严,很多职员都不敢向领导提意见。其实,如果你善用幽默语言向领导提意见,那么,就会很容易让领导者接受你的意见。

一天清晨,一位将军去视察士兵的时候,顺便询问了一下士兵们的早餐状况。大多数士兵都含糊其词地对将军说"还行""不错",只有一位士兵一脸满足地说:"一杯牛奶、一个鸡蛋、一个三明治、一盘水果、一碗麦片粥、两个夹肉卷饼,长官。"

将军听了之后,非常疑惑地对这位士兵说:"这都快赶上国王的早餐了!"这位士兵毕恭毕敬地继续说:"长官,很遗憾，这是我在外面餐馆吃的。"

视察结束后，将军即刻下令改善了士兵的伙食待遇。

这位士兵巧用幽默表达了对军中伙食的不满，不仅让长官一下子就弄清楚士兵们想要的伙食标准，而且还让长官更容易接受自己的想法。可见，只要善用幽默，就会产生很神奇的功效。

其实，每个人都有出现失误和过错的时候，对别人这些无意间犯下的过错给予充分的谅解，并用幽默的方式委婉提出，就能换来友善和谐的工作氛围。或许你的宽容可能让你一时感到委屈，但是，它能体现你崇高的修养和豁达的胸怀。

 与口才

第四章　谈判无处不在，幽默使你如鱼得水

美国谈判大师荷伯·科恩认为：世界是一张巨大的谈判桌。谈判存在于生活的方方面面。很多时候，我们自觉或不自觉地就成了某个谈判的参与者。谈判无处不在，幽默如影随形。幽默能使你在谈判中如鱼得水、左右逢源，在"山穷水尽疑无路"时看到"柳暗花明又一村"。

第四章 谈判无处不在，幽默使你如鱼得水

1. 让顾客在笑声中接纳你的建议

你可以运用幽默制造笑声，使顾客在笑声中接纳你的建议。当问题发生在公司与客户之间的关系方面时，幽默的力量也能帮助你取得共赢的结果。如果你正和爱挑剔的顾客打交道，幽默是最有效的工具。

在一个汽车展示场上，一对年轻夫妇对那辆小型汽车的价钱颇有微词。

"这几乎等于一辆大型汽车的价钱了。"那位丈夫抱怨道。

销售员说："当然，如果您喜欢大车的话，同样的价钱，我可以卖给您两台大型拖拉机。"面对顾客的抱怨，销售员运用幽默技巧表达了他所推销的小型车是物有所值的，在令顾客笑的同时，更容易得到顾客的认同。有时候，顾客的不满很强烈，甚至造成僵局，请看下面这位售货员是怎样运用幽默打破了和顾客之间的僵局的。

在拥挤的百货大楼里，一位女士气愤地对售货员说："幸亏我没有在你们这里找'礼貌'，在这里根本没有'礼貌'。"

售货员想了一会，说："你能不能让我瞧瞧'礼貌'的样品？"

与口才

女士想了一会儿,会心地笑了。

拥挤使女顾客不快,售货员用一句幽默的话令顾客会心一笑,把顾客的不愉快化为乌有,从而争取到顾客的合作,成功化解了一场矛盾。当自己或单位提供的服务不周到时,采用幽默的方式道歉,同时解释原因,能够在笑声中得到顾客的谅解和合作,这正是幽默的力量所在。

在我国南方的一个火车站,由于天气状况不好,又赶上将要过春节,客流量相当大,影响了车辆的正常运行。候车室里挤满了要赶在节前回家过节的乘客。乘客们焦急地等待着误点的火车,但火车却一再误点。这时一个不冷静的乘客拉住一位车站工作人员大声嚷嚷说:"你们并没有按照列车时刻表运行车辆,还在候车室张挂列车时刻表有什么用?"显然,这个问题并不是车站普通工作人员所能解决的。如果车站工作人员不冷静,说什么:"这不关我的事,你有能耐去找领导。"这样就会发生争吵。但这位工作人员说:"出现误点的情况我们也很着急。不过,要是当真没有挂列车时刻表的话,也就无法说出火车误点多久了。您说对吗?"一句幽默的回答,使生气的乘客也无可奈何地笑了。

遇到这种情况,车站工作人员真诚坦率地承认出了麻烦,要为乘客设身处地地想办法;如果问题一时解决不了,车站工作人员与乘客就要相互信任和理解,要及时沟通,消除敌对情绪。

有时候,客户的过期账单会堆得愈来愈高,这通常就成了亟待解决的问题。这个客户如果是老客户,又是大客户,这问题多半由上面——公司老板亲自处理。看看下面这位老板是怎么向客

户催款的。

"你知道，李强，我们很感谢你与我们的交易，"老板可能会在约客户午餐或晚餐时这样说，"但是你的账目到现在已经过期10个月了。可以说，我们照顾你已经比你母亲照顾你还要久了。"

问题很可能就此得到解决，因为这位老板能对问题做趣味的思考。

那么，你该如何使用幽默这个有力武器来争取到客户的合作？以下是一些建议：

在开口之前先试着判断客户是哪种类型和风格的人。正确的幽默对你的帮助多大，错误的幽默对你的损害就有多大。

巧妙地插入幽默的谈话会使顾客喜欢上你。但要提醒的是：任何时机都不适于对不熟识的人使用政治、种族或宗教幽默。不要不合时宜地使用幽默。

你可以讲一讲个人经历的而不是编出的幽默故事。比如你办公室里、你孩子身上和你小时候的趣事。对方肯定是第一次听说。你还可以把幽默故事记录下来，这样你在下次同客户谈话时就能很快记起有关上次谈话的内容。

你还可以用幽默把问题变成机会。你想在电话中用30秒时间介绍一下产品并订下约会。顾客问："怎么收费？"你说："噢，这个电话是免费的。"

2. 幽默地主动出击

谈判要争取掌握主动权,要做到制人而不制于人。在谈判中,主动权总是操在实力最强的一方手里,对于稳操胜券的主动方来说,一步主动则步步主动。所以我们认为,不仅同其他人合作要占主动,竞争中要占主动,就是在谈判中同样要占主动。

在谈判中占据主动的方法很多,利用幽默的技巧对对方进行步步引导,可兵不血刃地在谈判中占据主动地位。下面就是一则在日常生活的谈判中占据主动的幽默故事。

父亲下了班回到家。他正读大学的儿子以幽默的口吻问:"爸爸,你可知道人类学家说过,人本来不该是直立行走的?"父亲回答:"那又怎么样?"他说:"所以把汽车钥匙借给我吧!"

儿子先发制人,主动向父亲发问,一步步把父亲诱进自己设的语言陷阱,再提出自己"借车"的要求,使父亲没有理由拒绝,从而取得这次向父亲"借车"的谈判的成功。

要想最快地达到谈判的目的,就需要做多方面的准备,比较好的方法是根据实际情况,提出多样选择方案,从中确定一个最佳方案,作为达成协议的标准。有了多种应付方案,就会使你有很多的回旋余地。

小男孩:"妈妈,我要养一只小狗。"

第四章 谈判无处不在，幽默使你如鱼得水

妈妈："狗多脏啊，宝宝听话，咱们不养狗。妈妈明天给你买只漂亮的玩具狗。"

小男孩："妈妈，我不要玩具狗，没有小狗，我要一个小弟弟陪我玩也行啊。"

结果，第二天，妈妈就给小男孩买来了一只小狗。

小男孩主动提出要求，给了妈妈两个选择，要一只小狗或者一个小弟弟。妈妈自然会同意买只狗给他了。

而且，你可以提出两种或多种选择，这些选择都可以是对方不愿意接受的。但是，比较起来，其中总会有一种令对方最乐意接受的。这时候，你改变谈判结果的可能性就更大了。因为你充分了解和掌握了谈判的主动权，也就掌握了维护自己利益的方法，就会迫使对方在你所希望的基础上谈判。即使对方不同意其中的任何一种提议，他也会在你提议的基础上提出新的解决办法。著名意大利女记者奥里亚娜·法拉奇在她成功地采访了一系列世界风云人物的过程中，留下了许多动人的记录和插曲。下面是她与著名政治家亨利·基辛格的一段对话：

法：基辛格博士，如果我把手枪对准您的太阳穴，命令您在阮文绍和黎德寿之间选择一人共进晚餐，那您选择谁？

基：我不能回答这个问题。

法：如果我替您回答，我想您会更乐意与黎德寿共进晚餐，是吗？

基：不，不能……我不愿意回答这个问题。

法拉奇可谓咄咄逼人，这种"逼"不在于死死纠缠，而在幽默地"进犯"。问题全是严肃之极的，但方式却是玩笑似的。通

与口才

过幽默的交流方式主动出击,提出让对方两难的选择,法拉奇最终使对方缴械。

3. 用幽默的方式化解对方疑虑

谈判中,当对方突然提出担心时,你应该给他一颗定心丸吃,用幽默的方式化解对方疑虑。谈判中,面对面之外的外围战相当重要。先外围后内里,先幕后再公开,在谈判桌外找到双方的共同点,可以为场内谈判造就良好的气氛。谈判中的外围战,是联络感情、沟通信息、影响对手的手段,是对正式谈判的一种补充。

要化解对方疑虑,首先要了解对方的困难,以及造成对方疑虑的主要原因,作一个清楚的分析,作一个清楚的整理。然后才能针对对方的疑虑点用轻松幽默的语言进行充分的交流。这样双方的关系发展可能会相对较为稳定,歧见也较容易化解。我们来看看下面这个故事中的船长是怎样做的。

有一条船在航行中,突然狂风吹来,海浪滔天,船马上就要翻了。船长急忙命大副去通知乘客弃船逃命,结果大副去了半天,悻悻而回,说道:"他们都不愿跳下去,对不起,我实在没有办法了。"

船长无奈,只好亲自到甲板上去,不一会儿,便微笑着回来了,他说:"都跳下去了,我们也走吧!"

大副很惊异地看着他,问道:"你是怎么劝说他们的呢?"

第四章 谈判无处不在，幽默使你如鱼得水

船长说："我首先对那个英国人说：'作为绅士，应该做出表率。'于是他跳下去了；接着，我又板着脸对那个德国人说：'这是命令。'于是他也跳下去了；我又对那个法国人说：'那种样子是很浪漫而且潇洒的。'他也跳下去了；我对伊拉克人说：'这是将军和真主的旨意。'他马上起身，穿上救生衣就跳了下去。"大副一听，简直佩服得五体投地："太妙了，长官，那么你是怎么对美国人说的呢？"船长说："我说：'您是被保了险的，先生。'那家伙赶紧夹着皮包跳下水去了！"

上面故事中，船长针对不同的人，总结归纳出了他们各自的民族特点，并针对这些特点，采用了不同的说法。在我们看来，这些说法都很幽默，可是在听者耳中，它代表了另一种属于民族和职责的内涵。其实，在无奈的情况下，大家必须做出跳海的选择。每个人都明白船长所要表达的意思，对于大副没有完成的任务，船长很轻松地就解决了。

这告诉了我们一个道理：当我们想在谈判桌上说服他人时，除了要使自己的语言信号准确无误地传达给对方，分析对方的性格，因人而异采用有针对性的语言进行说服外，最重要的还是先造成良好的形势，使对方在没有其他选择的情况下不得不接受我们的提议，这样幽默的说服才会收到预期的效果。否则，就很可能因基本条件不充分而导致谈判失败。大智若愚，巧避锋芒。

谈判中也可以通过运用装傻的幽默技巧巧避对方锋芒。在谈判过程中，可以装作没有听到或没有听清楚对方的话，或者装作没弄懂对方的意思，以便巧避锋芒，避免尴尬。它的特点是谈判的锋芒主要不在于传递何种信息，而是通过装傻来打击、转移对方的谈判兴致使之无法继续设置窘迫局面，而化干戈为玉帛，并

与口才

能够寓反击于无形，不战而屈人之兵。在谈判中，这种方式往往被一些谈判高手使用。例如：

> 1959年，美国总统尼克松访问苏联。在此之前，美国国会通过了一项关于被奴役国家的决议。赫鲁晓夫在与尼克松的会谈中激烈地抨击了这个决议，并且怒容满面地嚷道："这项决议很臭，臭得像马刚拉的屎，没有什么东西比这玩意更臭的了！"
> 尼克松曾认真地看过赫鲁晓夫的背景材料，得知他年轻时曾当过猪倌，于是他盯着赫鲁晓夫说："恐怕主席说错了。还有一样东西比马屎更臭，那就是猪粪。"

在比较正式的谈判场合，作为国家元首，赫鲁晓夫肆无忌惮，出言不逊，有失体面，他明显是想为尼克松设置窘迫局面。好在尼克松幽默诙谐，暗藏机锋，装作没弄懂对方的意思，实际上却进行了巧妙的还击，打击了对方的气焰，化被动为主动。同时，也避免了谈判成为市井中的吵架撒泼。

尽管假装糊涂法有很多的妙处，但有时也很难在复杂的场合取胜，这就要求在这些场合对自己的"糊涂"来一个聪明的注脚。看下面的这则小幽默：

> 保罗正在路上走着，忽然窜出一强盗，用手枪对着他说："要钱还是要命？"
> "你最好还是要命吧！"保罗说道，"因为我比你更需要钱！"

这里，保罗的上半句回答显得很糊涂，遇上歹徒，恐怕谁也

会保命的,其后一句才点出真意。

装傻实际上是大智若愚。谈判中,装傻可以使人自找台阶,化解尴尬局面;可以故作不知达成幽默,反唇相讥;可以假痴不癫迷惑对手。你必须有好演技,才能"傻"得可爱,"疯"得恰到好处。我们可以通过发挥大智若愚的幽默力量取得谈判的成功。

4. 善于倾听,幽默反驳

俗话说:锣鼓听音,说话听声。谈判中也应如此。悉心聆听对方吐露的每个字,注意他的措辞、选择的表述方式、语气,乃至声调,这是对方无意间透露消息的一个重要途径。在认真倾听过后,我们已经可以掌握一些有关对方的情况。这时候就可以用幽默的语言来回击对方了。

这种谈判术有时候会以其人之道还治其人之身,这其实就是把返还幽默的技巧用在谈判中。返还幽默术很是巧妙,它使用的思维套路是对方的,而后由此及彼,物归原主,它的目的是让对方搬起石头砸自己的脚。一位顾客因为饭馆的菜做得不好吃而与饭馆老板展开了谈判:

餐馆里一个顾客叫住老板:"老板,这盘牛肉简直没法吃!"

老板:"这干我什么事?你应该到公牛那里去抱怨。"

顾客:"是呀,所以我才叫住了你。"

与口才

顾客按照老板的荒谬逻辑,推论出老板应是"公牛",搞得对方哭笑不得,自食其果。这种方法在谈判中用处极大,它抓住对方的话柄,顺着说下去,让其向着有利于自己的方向发展,从而产生强烈的幽默效果。

这种谈判方法的特色是不作正面抗衡,而是在迂回的交谈中,顺着对方的话说下去,借力胜敌,从而达到自己的目的并产生幽默感。当自己在谈判中处于不利的地位时,也可用这种"善倾听,巧反驳"的谈判方法使自己摆脱困境。

隋朝时,有个人很聪明,但说话结巴。官高气盛的杨素,常常在闲暇无聊的时候,把那人叫来说说笑笑。

年底的一天,两人面对面地坐着,杨素开玩笑地说道:"有个大坑,深一丈,方圆也是一丈,让你跳进去,你有什么办法出来吗?"

这个人低着头,想了想,问道:"有……有……有梯子吗?"

杨素说道:"当然没有梯子,若有梯子,还用问你吗?"

那人又低着头想了想,问道:"是白……白……白天,还是黑……黑……黑夜?"

杨素说道:"不要管是白天还是黑夜,你能够出来吗?"

那人说道:"若不是黑夜,眼……眼……眼睛又不瞎,为什么掉……掉……掉到里面?"

杨素不禁大笑。又问道:"忽然命你当将军,有一座小城,兵不满一千,只有几天的口粮,城外有几万人围困,若派你到城中,不知你有什么退兵之策?"

第四章　谈判无处不在，幽默使你如鱼得水

那人低着头想了想，问道："有救……救……救兵吗？"

杨素说道："就因为没有救兵，才问你。"

那人又沉吟了一会，抬头对杨素说："我审审审慎地分析了形势，如……如……如您说的，不免要……要吃败……败……败仗。"

杨素大笑了一阵，又问道："你是很有才能的人，没有事情不懂得。今天我家里有人被蛇咬了脚，你能医治吗？"

这个人应声答道："用五月端午南墙下的雪涂……涂……涂涂就好了。"

杨素道："五月哪里能有雪？"

那人说："五月既然没……没……没有雪，那么腊月哪里有……有……有蛇咬？"

杨素笑着打发了他。

故事中的人尽管是个结巴，但回答问题却很能运用"善倾听，巧反驳"的幽默技法，他不但没有被杨素难倒，还在谈判中处处显出他的幽默和智慧。这虽然是一个古代的谈判故事，但类似的事情在现代生活中时常会遇到。"善倾听，巧反驳"的幽默技法不仅能在生活中小事情的谈判上发挥作用，在国家之间的谈判陷入僵局时，运用它也能产生很好的效果。

1971年，中美会谈讨论到台湾问题时，周恩来总理一开始就表明立场，基辛格也亮明观点，双方互不妥协，又使谈判陷入僵局。这时，周总理说："毛主席说，台湾问题可以拖一百年，是表明我们有耐心；同时也包含不能让台湾问题妨碍中美两国关系正常化。"基辛格点头表示同意："是

的，我们必须向着未来有所前进……"周总理敏锐地抓住基辛格的观点，拿起记录美方观点的稿子晃了晃："博士，你的措辞'美国不会同台湾断交'，'中国必须保证不用武力解决问题'，就不是如你所说的向着未来有所前进。"基辛格这次没有反驳，而是陷入了沉思，而后被迫改变思路："我们可以换一种表达方式，美国认识到，在台湾海峡两岸的人都认为只有一个中国，台湾是中国的一部分，怎么样？"周总理笑道："……这是一项绝妙的发明。博士到底是博士。"僵局打破了，周总理和基辛格都笑了。

周总理不愧是一位谈判专家。他机敏、睿智、善听、能言。在上例的谈判中，他认真倾听，机敏地抓住基辛格随口说出的"我们必须向着未来有所前进"这句话，然后明确指出基辛格的观点前后矛盾的事实，从而使基辛格陷入一种被动的局面，被迫作出明智的选择。在基辛格妥协后，周总理又幽默地赞扬了对方，彻底打破了谈判中的僵局。

善于倾听是幽默反驳的前提，幽默反驳是倾听的结果，两者缺一不可，相辅相成，而两者的应用都是为了最终取得谈判的成功。

5. 幽默地表达潜在意思

"问"有艺术，"答"也有技巧。问得不当，不利于谈判；答得不好，同样也会使己方陷入被动。在谈判中，回答问题不是一件容易的事。因为，谈判者不但要根据对方的提问来回答，并

第四章 谈判无处不在,幽默使你如鱼得水

且还要把问题尽可能地讲清楚。而且,谈判者对自己回答的每句话都负有责任,因为对方可能把回答理所当然地认为是一种承诺。这就给回答问题的人带来一定的压力。因此,一个谈判者水平的高低很大程度上取决于他回答问题的水平。

在谈判中,谈判者可以运用"答非所问"的幽默技巧巧妙地扭转不利于己的局势。答非所问指答话者故意偏离逻辑规则,不直接回答对方提问,而是在形式上响应对方问话,通过有意的错位造成幽默效果。答非所问并不是逻辑上的混乱,而是用假装错误的形式,幽默地表达潜在的意思。

有个爱缠人的先生盯着小仲马问:"您最近在做些什么?"

小仲马平静地答道:"难道您没看见?我正在蓄络腮胡子。"

那位先生问的是小仲马近来做了哪些重要的事情。小仲马自然是懂得对方问话意思的,但他偏偏答非所问,用幽默暗示那位先生:不要再纠缠了。小仲马故意把蓄胡子当作极重要的事情,显然与问话目的不相符合。他表面上好像是在回答那先生,其实并没给他什么有用信息。在谈判中利用这种幽默技巧也能起到让对方摸不清己方虚实的作用,从而赢得谈判的主动权。

答非所问很讲究技巧,抓住表面上某种形式上的关联,不留痕迹地闪避实质层面,有意识地中断对话的连续性,求得出其不意的表达,幽默旨在另起新灶,跳出被动局面的困扰。

在一次联合国会议休息时,一位发达国家外交官问一位非洲国家大使:"贵国的死亡率一定不低吧?"非洲大使答

道:"跟贵国一样,每人死一次。"

外交官的问话是对整个国家而言,是通过对非洲落后面貌的讽刺来进行挑衅。大使没有理会外交官问话的要害点,而故意将死亡率针对每个人,颇具匠心的回答,营造着别样的幽默效果。有效地回敬了外交官的傲慢,维护了本国尊严。

谈判中,由于双方在表达与理解上的不一致,错误理解对方讲话意思的事情是经常发生的。当谈判对手对你的答复作了错误的理解,而这种理解又有利于你时,你不必去更正和解释,而应该幽默地将错就错,因势利导。总之,谈判中的应答技巧不在于问题回答得"对"或"错",而在于应该说什么和如何说,怎么更好地处理突发情况。

6. 以缪还缪式的幽默

在谈判中,直陈其言、正面表态往往会让自己陷于被动的局面,这时可以运用模糊语言灵活地进行表达。另外,运用模糊语言还可产生奇特的幽默效果。下面是两国外交官的一段对话:

甲:阁下的声明是否表示贵国政府对××协定的成效有所怀疑?

乙:我不准备这样说,当然你可以按自己的理解去解释。

乙虽对甲国政府××协定的成效有所怀疑,但又不好正面

第四章 谈判无处不在，幽默使你如鱼得水

回答，所以他采用含糊其词的幽默技巧把这个烫手的山芋抛给了甲，避免了直接回答给对方抓住把柄的可能性。在谈判中，幽默也可以作为通幽的曲径，婉转地表达你的希望、条件和要求，倾诉你对谈判成功的渴望之情。

> 一个被判处死刑的罪犯的死期到了。警察唤醒他，问他早餐想吃点什么。他说："凡是我所喜欢吃的都想吃。"
> "对啦，我想起来了，"罪犯对警察说，"我最喜欢吃桃子。"
> "你知道，现在是冬天，哪来的桃子呢？"警察答道。
> "没关系，"罪犯说，"我可以等！"

在严格的法律面前，罪犯的要求当然不会得到满足，不过我们可以学习在谈判中使用这种幽默的方法委婉地提出己方的过分要求，然后把问题交给对方去思考，己方也就在谈判中占据了主动。美国沃思堡市亿万富翁巴斯四兄弟被喻为谈判桌上的奇才，在一次重大谈判中他们就巧妙地运用了这种谈判手法，简洁地把条件说清楚，然后给对方留下充分的思考时间。

> 巴斯兄弟在1981年想买下即将破产的皮尔公司，但他们却对皮尔公司的董事会说："你们在其他地方或许能找到更好的买主！"并且将对他们可能产生兴趣者的名字一一告诉他们。最后巴斯兄弟说："如果你们没有其他选择的话，就来找我们。"结果巴斯兄弟如愿以偿，这笔生意按照他们的意愿成交了。

巴斯兄弟的谈判技巧和水平是高超的，他们有一个风趣而

与口才

幽默的构思,他们认为做生意好比追求女性,如果你狂热地追求她,她会扬长而去,而当你适时后退时,她才会仔细思考同你的关系,很可能就会选择跟着你走。

提出你的条件,给对方以足够的考虑时间,然后再坐下来谈时,你就已经在谈判中占据了主动。

在谈判中,有时对手会固执己见,坚持一些明显不正确不合理的要求。这时,如果一本正经地摆事实、讲道理,只能是徒费口舌。反之,如果我们能顺着对方的言辞荒谬下去,采取以缪还缪的策略,反而能够在幽默中达到自己的谈判目的。

远东国际军事法庭审判以东条英机为首的日本甲级战犯,因为排定座次问题,各个参与国的法官们展开了一场激烈的争论。

当时,中国法官理应排在庭长左手的第二把交椅。但是,由于中国国力不强,而被各强权国所否定。

此时,中国出庭的法官梅汝璈面对各国列强据理力争,他首先从正面阐明排座次应按日本投降时各受降国的签字顺序排列,这是唯一正确的原则立场。尽管如此,各强权国仍坚持己见,不肯让步。

紧接着,梅法官微微一笑说:"当然,如果各位同仁不赞成这一办法,我们不妨找个体重测量器来,然后以体重大小排座次,体重者居中,体轻者居旁。"

各国法官都忍不住地笑起来。庭长说:"你的建议很好,但它只适用于拳击比赛。"

梅法官接着说:"若不以受降国签字顺序排座,那还是按体重排好。这样纵使我被置末位也心安理得,并可以对我的国家有所交代,一旦他们认为我坐在边上不合适,可以派

第四章 谈判无处不在，幽默使你如鱼得水

一个比我肥胖的来换我呀。"这话令全场大笑起来。

梅法官的幽默具有很强的讽刺性。表面看来，在这个举世瞩目的国际法庭上，要按体重来排座次，简直是荒唐之极。虽然这个荒唐的提议引人发笑，但是，它能够有力地说明各国列强在以强凌弱，蛮不讲理。大大增强了说服效果。

有时候，当别人以荒谬的言论提出一些无理要求，我们又不便直接拒绝时，我们就可以采取以缪还缪的方法。我们可以假设对方的观点是正确的，然后以此为依据，用语言或者行为按逻辑顺序推出一个明显错误的结论，让对方意识到自己的错误所在。由于以谬制谬本身就具有一定的幽默效果，如果应对得当，不仅可以有力地推翻对方的命题，而且还能一展自己的幽默身手，不伤和气地胜出。

在一些公众场合，如果遇到一个蛮不讲理的主儿，他跟你胡搅蛮缠、没完没了，让你无语顿失颜面时，你也可以用以谬制谬来对付他。只要我们将对方的谬论加以利用，跟对方一起荒谬到底，我们就可以在语言的交锋中略胜一筹。

有一位大学教授，能言善辩，却是一个秃顶。有一次，他参加一个晚宴，席间，有位同事故意讥笑他的秃头，对方不怀好意地摸着他的头顶，然后说："你头顶摸上去就像我老婆的臀部一样光滑！"

这番话引来一阵哄笑。不过，大学教授并没有恼怒，他故作疑惑地看了那人一眼，然后用手摸摸自己的头顶，说道："确实如此，摸上去真的很像你老婆的臀部！"

面对对方的无礼嘲讽，这位大学教授没有默不作声，没有

与口才

进行任何辩解,更没有恶语相向,而是针对对方的攻击,以缪还缪、借力打力,顺着对方的意思往下说,一下子就反败为胜,甚至还讨了个大大的便宜,让对方吃了个哑巴亏。

有一位吝啬刻薄的富翁,在他的别墅里,养了两条狗。

一天,富翁请了一位画家到家里来为狗画一幅生活照。他要求画家在他家美丽的花园里,描绘出狗狗们活蹦乱跳的各种神态。于是,画家花了五天时间,在他家的花园里捕捉这两条狗玩耍的动作。画好了之后,画家将自己的杰作拿给富翁看,可是富翁却借故挑三拣四,想找借口少付点钱。

富翁假装鉴定专家的样子说道:"哎呀!你没有画狗屋呢?"

画家一愣:"狗屋?"

富翁说:"是啊!狗屋是狗的家,不画狗屋怎么行?"

画家无奈地说道:"好吧!我将画改过后,明天给你送来。"

第二天,画家将修改好的画给富翁送来。

画家又挑剔地说道:"怎么只有狗屋,我的狗呢?"

这时,画家泰然自若地回答道:"因为我们现在正盯着它们,所以它们躲进狗屋里不出来了。你先挂在墙上,过些时候没人注意,它们就会出来了。现在,请您付钱,谢谢。"

画家的回答虽然显得有些荒唐,但是以此来回应富翁前面提到的荒唐的要求,却不失为一种良策。同时,也让富翁哑口无言,再无反击余地。

以缪还缪式的幽默就是这样,不仅可以巧妙地化解尴尬,同

时，还可以征服别人，何乐而不为呢？如果遇到类似的局面，你不妨试试看，也许就会让你有所收获。

7. 声东击西的幽默技巧

声东击西法，是指目标在西而先假意向东，出其不意地给对手一击。它实际上是一种含蓄迂回的幽默技巧。在谈判中，利用语言来回击或反驳对手的时候，这种幽默技巧的运用特别有力。

声东击西法包含很多内容：欲东而西，欲是而非；明说张三，实指李四；明里问罪，暗中摆功；敲山震虎，指桑骂槐，含沙射影等。在各种谈判中，这种声东击西法的幽默技巧都可以巧妙地加以运用，以产生强烈的幽默效果，争取谈判的成功。

《史记·滑稽列传》记载，楚庄王有一匹爱马，给它穿上带有刺绣的衣服，放在装饰华丽的屋子里，喂它吃枣脯，最后马因肥胖过度而死。楚庄王让群臣为马发丧，要以大夫规格，用内棺外椁而葬。大夫提出异议，楚庄王下令道："有敢于对葬马之事再讲者，处以死罪。"优孟听说后，跑进大殿，一进殿门，便仰天大哭，楚庄王十分吃惊，忙问何故，优孟说："死掉的马是大王心爱之物，我们堂堂楚国，要什么东西没有？而今却要以大夫之礼葬之，太薄了，我请求大王以人君之礼葬之。"楚庄王听后，一时无言以对，只好打消以大夫之礼葬马的打算。本来楚庄王要厚葬宠物，而且不容大臣提出异议，可优孟的反话正说使之改变了初衷。

《五代史·伶官传》中记载的一事也十分有趣：庄宗

喜好田猎,在中牟打猎,践踏许多民田。中牟县令为民请命,庄宗发怒,要杀他。伶人敬新磨得知后,率领众伶人去追赶县令,将之拥到马前,责备他说:"你身为县令,怎么竟然不知道我天子喜爱打猎呢?为何让老百姓种庄稼来交纳税赋,而不让你治下百姓忍饥去荒废田地,让我天子驰骋田猎?你罪该万死。"于是拥着县令前来请求庄宗杀之。庄宗听后无奈大笑,县令被赦。

以上两则故事中,优孟和敬新磨为了达到各自的劝谏目的,取得和君王谈判的成功,都运用了正话反说、声东击西的幽默技巧,就是使用与原来意思相反的语句来表达本意,表面赞同,实际反对。在谈判中,运用这种表达方式往往能收到直接表达所起不到的作用。

但是,在谈判中,要想运用声东击西的幽默技巧取得好的效果,就需要对方的静心默思,反复品味。因为这种幽默技巧的特点是:你想表达的意见不是直接表达出来,而是以迂为直,被埋藏在所说出来的话后面,对方在听完话之后,必须有个回味思考的时间,才能体会出其中的奥秘,产生幽默风趣的情绪,这种声东击西的幽默技巧也才能对谈判的结果产生影响。因此,一个真正有幽默感的谈判者,不但要自己善于言说,而且还要善于领悟对手的幽默。善于领会对手的幽默,也是一种谈判智慧的表现。

8. 旁敲侧击的幽默方法

在谈判中,运用旁敲侧击法就是利用幽默的语言来回击或

第四章 谈判无处不在，幽默使你如鱼得水

反驳对手的一些观点。由于运用旁敲侧击法时，谜底被深深地埋藏在幽默的话语背后。所以，要在谈判中运用这种幽默技巧并取得幽默效果，就要在己方发言之后，留给对手一个短暂的回味时间，对手才能体会到幽默的话语和谜底之间微妙的联系。因此，在谈判中我们不但要自己善于运用这种幽默技巧，而且还要善于领悟对手的这种幽默。

在谈判中，当需要批评或提醒对手而又不便直接向对方提出时，便可考虑使用这种幽默风趣的旁敲侧击法。从侧面提出一些看似与谈判主题无关的话题，以此来达到启示、提醒、警告等目的。

> 1969年9月的一天，美国国务卿基辛格就越南战争问题与苏联驻美国大使多勃雷宁进行会谈。谈判正在进行时，尼克松总统给基辛格打来电话，接完电话之后，基辛格对多勃雷宁说："总统刚才在电话里对我说，关于越南问题，列车刚刚开出车站，现在正在轨道上行驶。"老练的多勃雷宁试图缓和一下气氛，机智地接过话头说："我希望是驾飞机而不是火车，因为飞机中途还能改变航向。"基辛格立即回答道："总统是非常注意选择词汇的，我相信他说一不二，他说的是火车。"

在这次谈判中，基辛格巧用火车与飞机的比喻，幽默地对对手进行旁敲侧击，既鲜明、坚定地表明了自己的立场，而语气和态度又不是显得十分强硬，令对手容易接受。可见，在谈判中，语言幽默、形象，往往能有效地活跃谈判气氛，使谈判轻松、愉快，并逐步向有利的方向发展。下面再举一个现代生活中谈判的例子：

与口才

　　一位顾客坐在一家高级餐馆的桌旁,把餐巾系在脖子上。大堂经理很尴尬,叫来服务员说:"你让这个'绅士'懂得,在我们的餐馆里,那样做是不允许的,但话要说得尽量委婉些。"服务员来到那人的桌旁,很有礼貌地问:
　　"先生,你是刮胡子,还是理发?"
　　话音一落,那位顾客立即意识到自己的失礼,赶快取下了餐巾。

　服务员没有直接指出客人的失礼之处,却幽默地问两件与餐馆服务项目毫不相干的事,表面上看来,似乎服务员问错了,而实际上他是通过这种风马牛不相及的幽默来提醒这位顾客。既使顾客意识到自己失礼之处,又做到了礼貌待客,不伤害客人的面子。服务员用的正是旁敲侧击的幽默技巧。
　当然,服务员不能把顾客当作对手看待,不过,服务员确实是与顾客进行了一次普通意义上的谈判,试想,如果服务员直接指出顾客的不对,顾客必定会很尴尬,可能就头也不回地走了,餐馆也就失去了一位顾客。
　在谈判中运用旁敲侧击时,还要注意在说话之前先动动脑子,从正面、反面、侧面多角度地想一想,寻找出可以使对手得到启示的多种不同的表达方式,选择其中一种最好的,从而达到预期的目的。

9. 风趣幽默的自圆其说

在生意场上，由于我们时常遇到各种不同状况，当对方直指不足时：如果直言反击，必然会影响双方的合作关系；如果沉默不语，就会使得自己在合作中处于被动状态。为了不伤和气，并且能维护自己的利益，我们不妨借助幽默的语言自圆其说，在幽默中解决问题。

在与人沟通时，如果没有自己的主见，遭到别人的指责或批评就不停地改变自己的言辞，不但浪费时间和口舌，还往往令自己陷入困境。相反，如果我们采用以不变应万变的方法，坚持自己的观点和想法，不但能省掉许多麻烦和困扰，顺利解决各式各样的问题，还能产生出奇制胜的幽默效果。

一个山里人在树下休息，一个正在此处旅游的富翁走过来对他说："你怎么不上山砍柴？"

山里人说："砍柴干什么？"

富翁答："赚钱啊。赚到钱你就可以买头毛驴，再挨家挨户地卖柴禾。然后，你就再买辆卡车，然后买木厂卖木器，再买更多的卡车，那样就可以发大财。"

山里人问："发财干什么？"

富翁答："发了财，你就可以逍遥自在地享清福嘛。"

山里人说："我现在不是就在享清福吗？"

生活的本质，必须要从生活的实践中去体会，去总结。或许

山里人所看到的也并非生活的本质，可是，山里人冷静的态度和他那以不变应万变的幽默言谈，一定能促使富翁更加深刻地感悟生命，思考生活。

一次，国会议员通过了某个法案，而马克·吐温觉得那法案是荒谬不合理的。于是，他在报纸上刊登了一个告示，上面写着："国会议员有一半是浑蛋。"报纸出版后，许多抗议的电话打了进来，国会议员们自然不承认自己是浑蛋，要求马克·吐温立刻更正。

于是，第二天马克·吐温又刊登了一个更正："我错了，国会议员有一半不是浑蛋。"

从字面上看，马克·吐温的声明在遭到国会议员的反对后，确实更正了错误。然而实际上，他所要表达的观点丝毫没有变化，只是表达形式不同而已。而且，马克·吐温通过这两种表述方式的置换，一针见血地指明了对方的错误。

一个善用幽默的人，不管对方怎么变换角度挖苦刁难，他都能通过调侃对方或调侃自己而找到有利于自己的理由，从而营造出轻松愉悦的幽默氛围。

马雅可夫斯基是苏联一位著名的诗人，他不仅才华横溢，而且为人刚正不阿，因此得罪了不少人，这些人总是处心积虑地想挖苦、讽刺他，想让他当众出丑。

一次，马雅可夫斯基在演讲时讲了一个笑话，台下忽然有人大声地喊道："快停止吧，你讲的那些笑话是什么东西，我完全听不懂！"但是，马雅可夫斯基并没有生气，而是温和地问道："你莫非是长颈鹿？长颈鹿的脖子那么

第四章 谈判无处不在，幽默使你如鱼得水

长，只有它们才可能星期一浸湿了脚，到了星期六才能感觉到。"

很快，又有一个人拼命挤到前面，指着他说："你这个自以为是的家伙。你可知道，拿破仑有一句名言'从伟大到可笑，只有一步之遥'！"

马雅可夫斯基用手指着自己，说道："亲爱的先生，你说的一点不错，你和我只有一步之遥。"

到了自由交流环节时，有许多人开始向他提问，要求他回答问题。

一个人问："马雅可夫斯基，你为什么喜欢自夸？"

马雅可夫斯基答："我的一个同学舍科斯皮尔经常劝我，'你只讲自己的优点，缺点留给你的朋友去讲'！"

又一个人说："马雅可夫斯基，你怎么评价自己的诗的？在我看来，你的诗不能使人沸腾，不能使人燃烧，不能感染人。"

马雅可夫斯基无奈地耸耸肩，回答道："亲爱的同志，我想声明一下：我的诗不是大海，不是火炉，更不是鼠疫。"

这时，一个人从座位上站起来喊道："这句话您在哈尔科夫已经讲过了！"

马雅可夫斯基用目光扫视了一下大厅，笑了笑，接着说道："看来，这位同志是来作证的。您到处陪伴着我，这令我十分感动。"

在面对众多的指责与刁难，马雅可夫斯基借助幽默的语言自圆其说，不仅有力打击了对方的嚣张气焰，也维护个人的尊严和自身形象。

在生意场上，与合作者或竞争者沟通的过程中，我们一定要培养自己运用幽默自圆其说的能力，如此，才能更好地维护自身的利益，使其在合作或谈判中胜出。

 与口才

第五章　给演讲加点幽默，让掌声响起来

美国著名笑星鲍勃·霍普说："题材有出色和平庸之别，但我知道如何通过语言的表达，来使普通的话题变成很棒的笑话。"可见，只要演讲者善于运用幽默，就是再普通的演讲主题，也能演讲得很精彩。反之，再好的演讲主题，如果演讲者不够幽默，整个演讲也会显得很乏味。

第五章　给演讲加点幽默，让掌声响起来

1. 幽默的开场更吸引人

演讲中的第一段话十分重要，你需要在第一段话中运用幽默，以便牢牢抓住你的听众，而不要等第二段、第三段……，高尔基说："开头第一句是最困难的。它好像在音乐里给了全篇作品以音调，演讲者往往要花费很长时间才能找到它。"我们来看看高尔基是怎么做的。

> 1935年3月7日，高尔基应邀在苏联作协理事会第二次全体会议上讲话。当代表们听到高尔基的名字时，长时间热烈地鼓掌与欢呼，高尔基舍弃原来的开场白，即兴地开始他这样的讲话——如果把花在鼓掌上面的全部时间计算起来，时间就浪费得太多了。
> 这时，台下响起一片笑声。

这个开场白实在是好，它对演讲现场的情况轻松幽默地作了评价，使大家倍感亲切。而且这个开场白也体现出高尔基良好的修养，从而吸引听众听下去。

一个演讲者在个人的专场演讲中可能会很从容。而当众人在同一时间、同一场合进行演讲（如演讲赛、竞职演讲、即兴发言等）时，由于受时间、地点、气氛及相同主题的制约，很容易发生"千人一腔"的现象。在此情形下，要想脱颖而出，顺利取胜，就需要有一种"大路拥挤走小路"的创新精神，创新和幽默有着相同的思维方式。

与口才

在某学校举行的纪念"五四"青年节即兴演讲比赛中,王彤就曾以此先声夺人。在她演讲之前已有七名同学进行了演讲,他们的称呼大多是"老师们、同学们",王彤如果还用这个称呼,是很难吸引听众的。于是她采用了别人没有用过的称呼语:"未来的工程师、会计师、厂长、经理们,大家好!"

王彤所在的学校设有机械、铸造、会计、管理等专业,王彤通过这一符合实际情况又富有新意、充满希望的称呼,顿时像巨大磁石吸引了听众,说话声没有了,一千多双眼睛都集中到她的身上,从而为她的演讲创设了良好的情境,定下了成功的基调。一个好的开场白确实能让听众牢牢地记住你。台湾著名艺人凌峰先生就是这样一个擅长在演讲中运用开场白让听众记住他的人。

1990年中央电视台邀请台湾省影视艺术家凌峰先生参加春节联欢晚会。当时,许多观众对他还很陌生,可是他说完那妙不可言的开场白后,一下子被观众认同并受到了热烈欢迎。他说:"在下凌峰,我和文章不同。虽然我们都获得过'金钟奖'和最佳男歌星称号,但我以长相难看而出名。一般来说,女观众对我的印象不太好,她们认为我是人比黄花瘦,脸比煤炭黑。"这一番话戏而不谑,妙趣横生,令观众捧腹大笑。这段开场白给人们留下了非常坦诚、风趣、幽默的良好印象。不久,在"金话筒"之夜文艺晚会上,只见他满脸含笑地对观众说:"很高兴见到你们,很不幸又见到了我。"观众报以热烈掌声。

第五章 给演讲加点幽默,让掌声响起来

从这以后,凌峰的名字传遍祖国大地。休斯敦的一位演说家说:"据我了解,幽默的目的在于让听众喜欢上讲演的人。如果他们喜欢讲演的人,那么也必定喜欢他所讲的内容。"这就是说,运用幽默的力量去驾驭开场白,可以使你与听众建立成功的关系。

如果开始演讲情绪有些紧张,这时候开开自己的玩笑,也能使自己的情绪稳定下来,神经得到放松。只要开了头,你就不会感到无从下手,切入正题后会轻松自如。下面的这个开场白曾经广为流传。

一个身材高大的演讲者,五官也大得出奇。他说:"女士们,先生们,你们已看到我是个什么样的人了。我的耳朵很大,像贝多芬的耳朵。可是长大以后,我为这对耳朵感到害臊了。不过,现在我对它们已经习惯了。说到底,它对我站在这儿演讲并没有什么妨碍!"

对自己某些身体特征的幽默解说,很容易就能给听众留下深刻的印象。也很快拉进了与听众的距离。这里还有一个在演讲中运用自嘲的幽默技巧做开场白的例子。

美国黑人领袖约翰·罗克在面对白人听众做关于解放黑人奴隶的演讲时说:

"女士们,先生们——我来到这里,与其说是发表讲话,还不如说是给这一场合增深了一点'颜色'。"

这是一个自嘲式的开场白,引起听众哄堂大笑。笑声冲淡了由于种族差异而造成的心理隔阂,使沉重的话题变得轻松。

与口才

开场白除了可以采用曲折委婉的方式取得幽默效果外,还可以采用速成法,即在开场时立刻抓住听众的注意力。这方面有时可以从听众的逆反心理入手,这也往往能造成一定的幽默效果。例如:

演讲者:"我只有10分钟的发言时间,先生们、女士们,我从什么地方讲起呢?"这时听众们肯定会说:"从第9分钟讲起。"

好的开场白只是整个演讲的开始,当你逐渐进入演讲的主题时,还必须继续努力,营造和开场时一样吸引听众的幽默效果。因为一般人的注意力不会持续很久,尤其是演讲人用单调的语言谈一个平淡的问题时,听众将会感到更加乏味。

2. 用幽默跟听众"套近乎"

一场精彩的演讲除了要有吸引观众的内容,演讲者还必须懂得如何跟观众"套近乎",让听众能感觉到他所感觉的,同意他的观点,分享他的快乐。以此消除演讲者与听众之间的陌生感和距离感,使自己所传递的信息深入人心,不落俗套。

美国第四十一任总统老布什就是一个擅长用幽默"套近乎"的老手,正是因为如此,使得老布什备受民众欢迎。

1991年,英国女王伊丽莎白二世访问美国,老布什在欢迎宴上致辞。因为伊丽莎白二世已多次访问美国,所以老布什对女王的习惯一清二楚。他在致辞开始说道:"在您数次对美国的访问中,我从您身上发现了一个把我们联系在

第五章 给演讲加点幽默，让掌声响起来

一起的品质——热爱锻炼。不管是雨天还是晴天，您的长时间的散步总是把那些想打听小道消息的狗仔队们甩在一边。很庆幸，我那患有纤维性颤动的心脏没有被那场激烈的竞走累垮。"

老布什凭借几句简单的幽默表述，便轻而易举地消除了政治对话的紧张气氛，沟通了两个"国家"之间的感情。

在老布什担任美国总统之前，他曾经担任过美国驻北京联络处主任。后来，当身为总统的他再次回到美国驻华大使馆时，他发表了这样一段演说：

"能在异国他乡见到诸位熟悉、亲切的脸庞，确实让我有宾至如归之感。你们让琐碎的行政事务运转得如此良好，并且因为我的到来，而使得大家如此遭罪，请接受我衷心的感谢。

"因为我知道，接待一位总统的访问就像经历一场浩劫。我曾经被派驻在这儿，有过这样的经历：看到总统离开了，我确实很高兴。假如那还不够受的，亨利·基辛格又给我们增加了两次这样的经历。我知道你们对我们没什么好感。

"好吧，现在进入正题，向这里所有的中国雇员，所有家庭，所有（此时，一个婴儿的啼哭声打断了总统）哦，没那么糟，宝贝儿等会儿，就要好了——向所有在座的各位，表达我诚挚的谢意。"

老布什的这段演说让人听了之后会产生很轻松的感觉，就像和很久未见的老朋友在对话一样。他凭借自己的过往经历，站

在听众的角度来发言,不仅说出了"诚惶诚恐"的工作人员的心声,也在瞬间拉近了与工作人员之间的情感距离。同时,幽默的运用也使得老布什从高高在上的总统大人摇身变成平易近人、体恤民情、善解人意的好总统,其个人形象得到迅速提升。

听演讲就像听故事一样,大家爱听的是离自己最近的、最生动、最直观的故事。我们可以采用就地取材或拉家常,这样可以使听众觉得你说的是身边的事,不由自主地被你感染。

某一乡镇推行计划生育政策,大部分人都积极地配合工作,一对夫妇却受传统观念的影响,不理解、不支持、不配合,无论工作人员如何苦口婆心地进行劝说,这对夫妇还是不为所动,甚至还有了敌对心理,最后,县妇联主任亲自上阵了。

区别于前面的"报告"讲话,县妇联主任改用了通俗易懂的语言:"咱暂且不管国家那些大事,我们想管也管不了,是不是?咱们今天只说咱们家里的事。"一听这话,该夫妇的心不自觉地放松了一些。接下来,县妇联主任算了一笔账:"民以食为天,孩子多了,吃饭的嘴就多。家里有五个馒头,一家五口人,每人可吃一个馒头。如果有八口呢?十口呢?你们难道希望以后孩子们因一个馒头打架吗?"这对夫妇被逗笑了,谈话气氛变得活跃起来。县妇联主任友善地拍拍女人的肩膀,继续说道:"俗话说,'人多挤倒房',孩子多吃死娘。越穷越生,越生越穷,你们说是不是……""是……"这对夫妇在不知不觉中终于被说服了,愉快地表示今后要积极配合工作。

县妇联主任采用就地取材、拉家常的方式,谈话自然风趣,幽默传神,让这对夫妇觉得她说的都是自己家的事情,把彼此的心连在了一起,不由自主地被感染了。这样,县妇联主任就实现了与对方的有效沟通,进而使得她的主张赢得了对方的支持。

所以,当众演讲时,如果你发现听众不积极参与,你就要察言观色,快速找到对方感兴趣、熟悉的话题,从而使得听众对你演讲的内容产生兴趣,形成心心相通的同感和相互感染的情绪氛围,进而调动现场气氛。

幽默是与听众套近乎的最佳语言。演讲者可根据听众的社会阅历、兴趣爱好、思想感情等方面的特点,幽默地描述自己的一段生活经历或学习工作上遇到的问题,甚至自己的烦恼,自己的喜乐,由此给听众一种亲切感,从而产生共鸣,缩短双方的感情距离。

3. 以幽默的心态去进行表达

演讲的种类繁多,要根据其性质来决定幽默的施加量。演讲从内容上来分类是很多的,有调查分析,有文件传达,有访问介绍,有学术报告,有形势报告,有专题报告、释疑解难、鼓动、设论、逗乐、漫谈……,但依演讲听众的心理动力形式而分,主要分鼓动性演讲、说理性演讲和陈述性演讲三种。

鼓动性演讲

这是一种用鼓动性话语或者讲经历、讲故事的办法震撼人、折服人的演讲。过去惯用的"忆苦思甜"就属这种演讲,它要在唤起人们泪水的同时引起人们听讲的兴致,而且"忆苦思甜"的重点在于"思甜",当然不能不施加幽默,否则就会起到相反的

与口才

作用。

十年动乱时期,某中学请一位不识字的老贫农做忆苦思甜报告。这位老人很幽默,常使用俏皮话、歇后语,当他说到那一年全家挨饿时说:"我们全家老小都胖了",听众愕然,他马上接着说:"眼珠子胖了!"大家都忍不住笑出声来。说到现在的生活好,他又说:"现在好了,我每天是猪八戒吃窖糠——酒足饭饱,晚上还能去钻《地道战》看《白毛女》。"惹得全场大笑,"忆苦"的气氛被冲淡了,思甜的气氛变浓了。

这类演说对听众心灵的撞击猛,多在鼓舞信心或在讽刺邪恶时稍微加些幽默。由于鼓动性演说分量重,严肃、庄重,所以不宜过多地施加幽默,否则有可能破坏其固有的庄重的氛围。

说理性演讲

这是一种以谈形势、做传达的政治报告和学术报告为内容的演讲。这类演讲着重通过说理来折服人。说理过程要求生动、形象,这就使幽默的施加分量可适当增加。

有一次,著名遗传学家谈家桢教授在演讲时,讽刺有些人过于赶时髦,自诩为"米丘林学派",打击摩尔根学派。谈教授幽默地说:"有人喜欢贴标签,自己不好意思贴,还请别人贴。一提摩尔根学派就大骂'主观''唯心','反动''反革命'也出来了,用心好苦啊!"话说到这里,那些搞学术一言堂的人都羞得红着脸低下了头。

这就是说理性演讲的幽默效果。

陈述性演讲

这是一种漫谈式的，无特定主题的即兴、随意演说，是轻型演说，"无标题音乐"。因为演讲本身内容自由，幽默也更无拘束，可以通篇幽默。

郭沫若1955年重返日本九州大学做了一次演讲，那是郭老的母校，他说："在这里我要向我以前的老师表白，我作为一个医科大学生，事实上不是一个'好学生'，福冈的自然太美了，千代松原真是非常美丽。由于天天都接近这样好的自然，我在学生时代就不用功，对于医学没有认真地研究，而跑到别的路上去。"他幽默地说："当时我在教室里听先生讲课时，就一个人偷偷地在课本上作诗了。"这些话，使场内不时发出欢快的笑声、掌声。

"幽默是语言中的盐"。语言表达需要幽默，尤其是当众发表的，带有鼓动性、说服性、抒情性和表演性的演讲，就更需要演讲者以幽默的心态去进行表达。这样的演讲才能动人心弦，才能成功。

4. 用幽默构筑良好的演讲表达氛围

演讲的氛围很重要。从演讲者走上演讲台的那一刻起，整个演讲场合就已经充满了一种由演讲者的风度所带来的演讲气氛。著名史学家、文学家吴晗到北京大学做一个有关治学问题的学术报告，他那学者的仪态和干脆利索的举止，一下子给人一个精明、深刻的印象。演讲者的风度可以把自己的幽默感部分地显示给听众。已故名导演崔嵬往演讲台前一站，他那严肃的表情与开

与口才

头的几句随便话,马上会产生一种由表情和话语的不协调而产生的幽默效果。而著名喜剧演员谢添正在往演讲台上走时,人们便被他幽默的神采吸引住了。

演讲中每时每刻都会有一种气氛弥漫在整个演讲场和每个听众的心中。而幽默可以为演讲者构筑起良好的演讲表达氛围。

一位演讲者这样演讲:"朋友们,经营贵有道,投机贵有方啊!有一首《诀窍铭》这样说:位不在高,头尖则灵;官不在大,手长则行。斯是诀窍,唯吾钻营;对上捧粗腿,对下用私人;吹牛克红运,拍马不碰钉。可以开后门,讲交情。无正义之细胞,无原则之准绳,烟酒来开道,金钱能通神。孔子曰:'何鄙之有?'"

演讲者幽默嫁接,仿唐朝刘禹锡《陋室铭》词,给人一种明快犀利、生动活泼之感。自然而然就营造出一种轻松愉快的演讲氛围。有时候,在演讲中有些话题过于严肃时,也需要运用幽默的力量缓和、调节演讲的气氛。

1860年,亚伯拉罕·林肯竞选总统时发表了下面一段风趣的演讲词:"有人打电话问我有多少银子,我告诉他我是一个穷棒子。我有妻子和儿子,他们才是我的无价银子。我租了一间房子,房子里有一张桌子和三把椅子,墙角有一个柜子,柜子里的书值得我读一辈子。

我的脸又瘦又长长满胡子,我不会因发福而挺着大肚子……"

林肯的这段演讲通俗易懂,浅显生动,在引来听众阵阵笑声

第五章 给演讲加点幽默，让掌声响起来

的同时，给本应很严肃的政治演说添加了轻松幽默的色彩。很简单地就拉近了演讲者与听众的心理距离，非常有利于林肯在总统竞选中取得众人的支持。

要想娴熟地营造幽默的演讲氛围，我们还要学会改变话题，或者改变讲话的方式，通过讲些小笑话或来一两句妙语，由他们本身所具有幽默的力量来吸引听众。比如说到人生的问题，你可以说：

"先生们，不论人生多么艰难与痛苦，我们总是可以在一个地方找到'慰藉'的，那就是辞典里。"

上面的演讲者通过前半句话吊起听众的胃口，又通过后半句话给出出人意料的结果，成功地为他的演讲营造出幽默的氛围。不过，有些时候演讲者所用的幽默也会失败，这时候你就可以这样说：

"这个幽默的奥妙之处，得要出动联邦调查局来发现。"或者说：

"在我没讲更多的笑话之前，我有个主意，如果你听了这个笑话就笑，我便免费奉送五个笑话。"

如果你只顾自己说些自认为幽默的话语，那么你的幽默可能会很少成功，因为你忽略了你的听众。一个真正的演讲高手在营造幽默的演讲氛围时，一定不会忘记与他的听众互动，他可以通过与听众开玩笑的方式让听众参与到他的幽默中来，这种在听说双方之间互动、交流的基础上营造起来的幽默气氛才是和谐的、有效的。你可以对你的听众说：

"我知道你就在那里，因为我听得到你的呼吸声。"

或者当你看见听众之中某人正对邻座耳语时，你说：

"为什么你不回家后再解释给他听？"

上面这些都不是堪称伟大的幽默范例，也不算是什么惊世

与口才

骇俗的语句。它们之所以在营造幽默的演讲氛围时具有很好的作用，是因为它们是演讲者主动与听众互动的产物，它们是沟通演讲者和听众内心世界的桥梁。笑是听众能够为演讲者付出的，关键是演讲者怎样帮助他们做出这种付出。

5. 幽默素材提前准备好

演讲者要想在演讲中做到幽默自如、游刃有余，就要提前准备好幽默素材，下面这个故事就是讲的这一点。

英国前首相狄斯雷利有一次演讲得十分成功，有个年轻人向他祝贺说："您刚才那席即兴演说真是太棒啦！"

狄斯雷利回答道："年轻人，这篇即兴演说稿我准备了20年。"

20年未免夸张了，但狄斯雷利告诉了演讲者一个道理——你要发表一个成功的演说，要想和听众打成一片，就要花时间去收集一些笑话、故事、趣闻或妙语。这些幽默的佐料会使你进入他们的兴趣和思想之中。

任何伟大的即兴演说家，都是通过这种努力获得成功的。他们一旦上了台，就会妙语连珠，使听众如痴如醉。下面介绍几种常见的幽默素材是怎样被演讲者利用的。

从自己的姓名上找素材。

一个姓胡的老教授很是幽默。在79岁高龄时，胡先生健步登上讲台，对众多学生朗声笑说道："我姓胡，糊里糊涂的胡。"

第五章 给演讲加点幽默，让掌声响起来

学生们在胡先生谦虚的自我介绍中渐渐进入听讲的佳境。许多人的姓氏和名字都可能很平常，从中很难找出幽默素材来，那也不必完全围绕姓名打转，其他的幽默素材还有很多。我们也可以从自己的属相上找素材。

下面是一位属猪的男士在他生日宴会上的一段演讲。

他说："各位朋友，女士们，先生们，欢迎光临寒舍，近日物价上涨，猪肉走俏，我也年长了一岁，身价也翻了一番，因此在我这高老庄特备些薄酒，与众人同乐。"

除了在属相上做学问，我们还可以在自家的宠物身上找到幽默的灵感。

有一天，一位女士带着她家的小狗逛公园，一老太太看了她的狗，很奇怪地问道："为什么你家小狗的尾巴不是左右摆动，而是上下摇摆？"她回答道："这完全是环境所致。我给它做的窝还是两年前的，那时候它还很小。"

有时候发牢骚也能产生幽默效果。不过牢骚发得恰如其分，才不至于冲淡欢乐的气氛；牢骚发得轻松，方不失演讲者之风度；牢骚要发得幽默，方能博得听众的笑声。

一个青年人过生日，他说："诸位兄弟姐妹，今天是我的生日，大家都不必客气。一定要大块吃肉，大碗喝酒。哎，过生日又长了一岁，可惜兄弟我一大把年纪了还是光棍一条。大家伙仔细瞅瞅，我这可是一表人才，居然没一个女孩爱上我，你们说是不是很奇怪。我在这儿和你们打个赌，

明年的今天,你们诸位等着瞧吧。"这时,有人笑着说了一句:"还等着瞧你这条光棍啊。"大家都笑成一团。

打的什么赌,等着瞧什么,青年故意不说明白,留给大家去猜,一位客人点破了他的这个意思,这样也就产生了幽默的效果。

准备幽默素材,你需要在演讲之前先浏览你的发言稿,考虑一下你的听众嗜好、职业和性格特征,琢磨最近发生的大事件对人们的影响等等,你就会发现其中的差别、夸张、古怪的联系、不一致性和反话。而所有含有双关含义的词组、体现相反背离的观念、情形和人物都有可能成为幽默产生的源泉。

6. 用幽默制造轻松的氛围

听众是很不好应付的,因为每一位听众都不同,每一种演讲情况也都不同。无法控制的情况可能造成听众纠缠,甚至是敌视的态度。为了改变这种态度,演讲者必须以和善、有礼、愉快的姿态去面对,不论发生什么情况。切记幽默能帮助我们消除听众的紧张情绪。

贝特为了使每一位听众都成为好听众,如果中途有人打断,贝特总是利用当时的情况来说句解围话。

比如说他会问打断的人:"先生,请问贵姓?"如果他回答的是一个罕有的姓氏,贝特再问:"那是您的真实姓名,还是您捏造的?"

转移了话题,使打断讲话的人得到了演讲者的重视,满足了

第五章 给演讲加点幽默，让掌声响起来

听众需要被重视的心理，也就自然打消了他对演讲的不满。如果你在演讲中的某一句话或者某一个观点引起了听众的不满情绪，你就要想办法用轻松幽默的语言来消除这种不满，否则，这会给你的演讲带来致命的打击。例如：

一位演讲者在演讲时说："男人，像大拇指"，他高高竖起大拇指，"女人，像小拇指"，他又伸出小拇指。

这一比喻，令全场哗然，女听众强烈反对。

演讲者立刻补充道："女士们，你们的大拇指粗壮有力，而小拇指却纤细苗条、灵巧可爱。不知诸位女士之中，哪一位愿意倒过来？"

一句话令听众相视而笑，演讲在欢快的气氛中往下进行。

在演讲中驾驭听众的情绪，不仅仅指在听众已经产生负面情绪时去被动地化解，还体现在演讲者要细心体察、感受听众情绪的变化情况，未雨绸缪，在听众的负面情绪产生之前就主动利用幽默加以避免。在这种情况下，可以用幽默的力量造成一种较为轻松的氛围，可以使听众置身于其中，以减轻他们的忌讳，舒缓他们的情绪。

在莫斯科的一次演讲会上，诗人马雅可夫斯基的舌战也很经典。

当时，马雅可夫斯基受到了庸夫俗子的严峻挑战，一位反对者责难地说："您的诗太骇人听闻了！这些诗是短命的，明天就会完蛋，您本人也会！被忘却。您，不会成为不朽的人……"

与口才

马雅可夫斯基巧妙地回答:"请您过一千年再来,到那时我们再谈吧!"

反对者接着说:"您说,有时应当把那些沾满'尘土'的传统和习惯从自己身上洗掉,既然您需要洗脸,这就是说,您自己也是肮脏的了?"

马雅可夫斯基反驳道:"那么您不洗脸,就自以为是干净的吗?"

反对者继续攻击说:"您的诗无论如何也赶不上普希金啊!"

马雅可夫斯基笑着说道:"我热爱普希金,可能我比您更爱他。我是想在普希金的影响下创出一条崭新的诗路,您明白吗?全新的,而不是承袭、重复前人的东西。诗行是新形式的,词汇也要从根本上翻新,把诗歌提高到现代水平。这就是我为之终生奋斗的目标!"

紧接着,台下响起一阵阵雷鸣般的掌声,那掌声持久而热烈。

马雅可夫斯基的这场对白、演讲和答问势如破竹、振聋发聩,使敌手胆战心惊、望风而退。这其中凝结着他的睿智、聪慧和幽默。

美国政界要员凯升首次在众议院发表演说时,打扮得比较土气。一个议员在他演讲时插嘴说:"这位伊利诺伊州来的人,口袋里一定装满了麦子。"

众人听了哄堂大笑。

凯升不慌不忙地说:"真的,我不仅仅口袋里装满了麦子,而且头发里还藏着许多菜籽呢。我们住在西部的人,多

第五章　给演讲加点幽默，让掌声响起来

数是土头土脑的。"

凯升自嘲式的坦率赢得了大家的好感和敬意，接着，他大声说："不过我们藏的虽是麦子和菜籽，却能长出很好的苗子来！"

众人对这位不卑不亢的演说者鼓掌赞赏，他的演说也因此取得了成功。

在演讲中，面对听众的不同意见和刁难，甚至是恶意的攻击或咒骂，这时，我们不能漠然视之，也不能勃然大怒或与之对骂，我们应尽量运用幽默化解。在演讲舞台上，最好的武器就是你的一张巧嘴。

有时候，在演讲的过程中，由于各种原因，演讲者可能会说错话做错事而引起听众的哄笑，这时候，你一定要保持镇静，巧用幽默化解尴尬，弥补错误。

有一次，费尔德在演讲中，突然砰的一声倒在地上。随即，费尔德马上解释道："有老鼠！"逗得观众尽情地大笑。

费尔德凭借自己的机智幽默，使其免受听众的嘲笑，不仅化解了尴尬场面，还挽回自己的颜面，赢得了听众的掌声。

马季是我国著名的相声演员，有一次，他到湖北黄石市演出。在他演之前，有位演员错将"黄石市"说成了"黄石县"，引起了观众的哄笑。

在这样的笑声中，马季走上了讲台："今天，我们有幸来到黄石省……"

这话一出,把哄笑中的观众给弄糊涂了。正当大家百思不解,窃窃私语时,马季笑着解释说:"方才,我们的这位演员把黄石市说成了县,降了备一级,我在这里又说成省,给提上一级。这样一降一提,抹平啦!"

面对前面的演员说错话的状况,马季就地取材,临场发挥,运用几句幽默的话语就化解了尴尬,圆了场,也使得演出得以顺利进行下去。

为了应付演讲意外情况的发生,你最好事先收集一些即席的笑话或趣闻、妙语,由此会使你赢得听众的赞许。而且,收集的过程也是创造的过程。如果你能持之以恒,并养成这种有趣味的习惯,那么在演讲中,切题的思想自然而然就会从大脑中跳跃出来,让你妙语连珠,使听众如痴如醉。

"天有不测风云",在演讲中途可能会出现许多特殊情况和意外,很多时候都是不可避免的。但是,这正是考验演讲者智慧和能力的时候。如果演讲者能用幽默将矛盾轻松化解,那么,这个小插曲就会为你的演讲加分添彩。

7. 让幽默故事为演讲增光添彩

幽默故事常常是快乐的源泉,你可以利用它们为你的演讲增添光彩。比如,你可以拿一个笑话作为基本内容,然后以它为母体加以变通使之适合于任何一个指定的题目,或者发展它的某种可笑性,从而衍生出一系列笑料。

在演讲中,为了增强演讲效果,加深听众印象,可以穿插现

第五章 给演讲加点幽默，让掌声响起来

成的幽默故事。穿插时要注意：穿插进来的内容一定要同话题有关，能起到说明、交代、补充的作用；穿插的内容务必适度，不可过多过滥，造成喧宾夺主，中心旁移；衔接务必自然得当，切不可让人觉得勉强或节外生枝。下面报告中教授穿插的歇后语就很恰当。

> 有一次，一个教授给学生做报告，接到一个条子，问："有人认为思想工作者是五官科——摆官架子，口腔科——耍嘴皮子，小儿科——骗小孩子，你认为恰如其分吗？"这个问题颇有锋芒。教授妙语解答，回答说："今天的思想工作者，我认为是理疗科——以理服人，潜移默化，增进健康。"

在演讲中插入风趣、幽默的谈笑，还有一个速度问题，太匆忙和太缓慢都不能达到预期的效果。因而要掌握好速度，把时间控制得恰到好处。

如果办得到，演讲者还可以就地取材话说幽默，在日常生活中那些富有特点的人或事里注入幽默的因素，使之成为推进演讲时得心应手的材料，以博听众一笑。

> 丘吉尔某次登台后声称："只有两件事比餐后的演讲更困难：一件是去爬一堵倒向你这一边的墙；另一件是去吻一个倒向另一边的女孩。"

还有一个故事：

> 哈罗德·杜怀特在一次宴会上发表了一场非常成功的演讲。

与口才

他依次谈到围坐餐桌的每个人。说起初开课时,他是如何讲话的,现在进步了多少。他一一回忆各个同学做过的讲演,模仿其中一些同学,夸大他们的特点,逗得个个开怀大笑,皆大欢喜。

比较高明的演讲者还可以运用古今杂糅法,把古人的事,利用最时髦的现代语汇解说,或把现代的事,用古代成语描绘,这种异相拉近的幽默效果也很好。在演讲中可随时加以运用,如谈到消费的时代性时可来一句:"慈禧太后虽然骄奢淫逸,但她从来不吸万宝路,不喝雀巢咖啡,也不看外国大片。"讲到文凭、职称的问题时,可以说:"孔夫子一没文凭,二没职称,但他在杏坛办学习班,培养了不少哲学、伦理学、教育学的高才生。"

更高明的演讲者还通过讲述自身经验中那些人人有同感的矛盾之处作为"楔子"。

著名作家吉卜林在向英国一个政治团体发表演说时,使用了下面的幽默,引起全场捧腹大笑:

"主席,各位女士先生们:我年轻时,曾在印度当记者,专门替一家报社报道犯罪新闻。这是一项很有趣的工作,因为它使我认识了一些骗子、拐骗公款者、谋杀犯以及一些极有进取精神的正人君子。(听众大笑)有时候,我在报道了他们被审的经过后,会去监狱看看这些正在服刑的老朋友们。(听众大笑)我记得有一个人,因为谋杀而被判无期徒刑,他是位聪明、说话温和有条理的家伙,他把他自称为他的'生活的教训'告诉我。他说:'以我本人作例子:一个人一旦做了不诚实的事,就难以自拔,一件接一件不诚实的事一直做下去。直到最后,你会发现,你必须把某人除掉,才能使自己恢复正直。'(听众大笑)哈,目前的内阁

正是这种情况。"（听众欢呼）

吉卜林没有平板地陈述记忆中的旧闻旧事，而是幽默地围绕准备进入的政治话题渲染了一些近乎怪诞的趣事，从而建立起自己和听众的沟通点。

可见，利用他人和自身的一些幽默故事，可以为自己的演讲增光添彩。

8. 风趣幽默地配合主持人

作为演讲者，你碰到的第一个难题通常是：当主持人向听众介绍你，并且称赞你的时候，你应该怎么办？

胡教授有一次被邀请去一所大学作报告。至于怎样开讲，胡教授心里也没谱，最后决定按照常规的开讲："老师们、同学们：大家晚上好！很高兴见到你们……"主持人："下面就请胡教授给大家做报告。"在听到主持人这样的介绍后，胡教授灵机一动，拿过话筒，接着主持人的话说道："我不是来向诸君作报告的，我是来'胡说'的。"话音未落，听众已经笑成一团。

胡教授的幽默在于巧借自己姓氏和主持人的介绍作题材，反其意而用之，"胡说"一词作为点睛之词，幽默效果自然而出。胡教授通过和主持人配合，做了一个绝妙的"一石三鸟"的开场白，既巧妙地介绍了自己，又体现了演讲者谦逊的修养，而且活跃了场上气氛，沟通了演讲者与听众

的心。

有时主持人过分热情的介绍、过分的赞扬也会带来问题。应付这种情况的办法可以开个小小的玩笑。比如：

"看来我被我的主持人朋友给出卖了。他在台下向我保证，说大家会因为请到我来讲话而深感荣幸，现在看来恐怕不是这样。"

你如果要用自己的方式来影响主持人对你的介绍，并且试着使自己和听众的紧张情绪安定下来时，可以借用一些别人说过的话。比如说：

你可以借用丘吉尔曾经说过的："我觉得自己好像是一只熊掉进了蜜蜂窝，但愿我的舌头不会辜负这一番好意的挑战。"

或者干脆说：

"为了今天的演讲，我已经练习了一个星期，差不多是背得滚瓜烂熟了。只要你们大家能像一面镜子，我想我是可以顺利通过的。"

如果你的姓名比较特别或是容易出错的话，那么不妨运用幽默的方式让主持人知道。著名演讲家德克就是这方面的行家。下面是他和主持人之间的一段对话：

"您怎么称呼，先生？"
"哦，我叫德克。"
"您是得克萨斯州人吗？"
"不，我是路易斯安那州人。"
"那您为什么取名德克？"
"我想我叫德克该比路易斯好些吧。有这样一个怪名字确实有好处，不过我还没发现好处在哪儿。"

这是介绍自己的一种好方式。不过，要注意的是，你的自我介绍用语一定要真实可靠、简洁易懂，让主持人很快就明白。这样，主持人就会乐于与你合作。在你与主持人之间建立融洽关系的基础上，你还得运用幽默的力量来应付突变。

有位演说家在主持人介绍失误之后，面带微笑从容地说："我希望我能说这是一次最好的介绍，但是实际上不是。你们知道我感到最满意的一次介绍是怎样的吗？那次是面对千万人的演讲会，我非常盼望得到最伟大的介绍，结果我终于得到了。那就是由我自己介绍自己。"场下大笑，演说家也渡过了难关。

诚如幽默理论家赫伯·特鲁所说的，一个演说家站在舞台上，如果知道笑是一剂良方，但自己却不打开瓶盖服用，那几乎可以断言他会成为一个失败者。

在演讲中，与主持人幽默地配合，不仅能够得到主持人的支持，还能加深听众的印象和听讲的兴趣，要想做一个成功的演讲者就不能忽视主持人的存在。

9. 让演讲在笑声中结束

一场成功的演讲，不仅要有一个好的开头和过程，还要有一个好的结尾，要做到善始善终，让演讲在笑声中结束。

对整个演讲而言，开头和结尾两个部分尤为重要，但是，结

与口才

尾通常比开头更难以掌握。因为最后的字句,虽然已经结束,却是听众记忆最深最久的话语。当演讲者的结束语简短、有力、切题,并且因充满了迷人的幽默感而显得很生动活泼时,听众才会产生"余音绕梁,三日不绝"的意犹未尽之感。而意犹未尽,则是演讲结尾追求的极致。

在某市的一次演讲中,老舍开头就说:"我今天给大家谈六个问题。"接着,他第一、第二、第三、第四、第五,按顺序一个个谈下去。谈完第五个问题,他一看离散会的时间不多了,于是提高了嗓门,一本正经地说:"第六,散会。"

听众起初一愣,几秒钟后,响起了热烈的掌声。

老舍在演讲中打破了正常的演讲顺序,从而出乎听众的意料,达到了一定的幽默效果。一个演讲者能在结束时赢得笑声,不仅能体现出自己演讲技巧的娴熟,还能给本人和听众双方都留下愉快美好的回忆,这通常被视为演讲圆满结束的标志。

幽默的结尾不仅能提升整个演讲的内涵和风采,更能使听众体味到十足的美感,从而给听众留下深刻的印象。

一次,"戴维斯杯"网球赛结束后,中国队为印度尼西亚队饯行。由于印度尼西亚队输给了中国队,队员们的情绪十分低落。但是,在致辞时,该队领队说:"尽管我们尽了最大的努力,但由于气候不适应等原因,我们队伍的技术没有很好地发挥,遗憾地输了球。但对东道主中国队来说,我们无疑是最好的客人。今天,我在这里祝贺贵队取得优良成绩,就是最好的证明。不过,来日方长。如果我们下次再来做客时,不能成为你们最好的客人,也请尊敬的主人不要

第五章 给演讲加点幽默，让掌声响起来

见怪。"

印度尼西亚领队的致辞不卑不亢、礼貌而幽默，尤其是结尾，更是精妙绝伦。

在实际演讲中，很多演讲者的演讲在前面很吸引人，结尾却异常糟糕。演讲者虽然已经宣告演讲结束，却还要画蛇添足地进行"归纳或小结"，或者用动作与表情来表明演讲即将结束。如此一来，就会使得演讲结尾拖泥带水，冗长繁琐，使得听众们失去最后的耐心，甚至开始计算离场的时间。所以，要想使得演讲获取成功，演讲结尾一定要干脆利落，最好出乎听众的意料。

> 1936年，《纽约时报》和"美国书籍出版者协会"共同举办了第一届全美书展，林语堂被邀演讲。林语堂一上台，先不说话，四下打量，气势就出来了。接着，他不慌不忙地讲起中国人的人生哲学和生活态度。他没有拿稿子，好像句句是临场发挥，纯正的发音，地道的表达技巧，机智俏皮的口吻赢得了一阵又一阵的掌声。就在大家正听得入神，他却猛地收起话匣子："中国哲人的作风是，有话就说，说完就走！"他挥一挥衣袖，背着手踱起方步，飘然而去。
>
> 在座的人面面相觑，半天没回过神来，随后，即爆发出热烈欢快的掌声。

林语堂在听众听得入神时猛地收起话匣子，结尾干脆利落，极具幽默，让听众出人意料的同时，又使其产生意犹未尽之感。如此结尾确实是风格独具，别出心裁。

幽默的结尾不一定要笑而不止，或者大笑不停，但是，它能在一定程度缓解听众的精神疲劳，让人精神得到清新的鼓舞，同

时使你的演讲熠熠生辉、余音不绝。

为了提升演讲的幽默性,有时,我们可以通过幽默的语言和相应的动作来讲述一个有趣的故事,一语双关地为演讲的主题做总结。如此,才能收到良好的效果,让台下的听众们面带笑容地离去。

> 美国诗人、文艺评论家詹姆斯·罗威尔在担任驻英大使期间,他在伦敦举行过一次晚宴,并发表了一篇名为《餐后演讲》的即席演说。在演说的结尾,他讲了一个故事:我在很小的时候听人讲过一个故事,讲的是美国一个卫理公会的牧师。他在一个野营的布道会上布道,讲了约书亚的故事。他是这样开头的:"信徒们,太阳的运行方式有三种,第一种是向前或者说是径直的运动;第二种是后退或者说是向后的运动;第三种即是在我们的经文中提到的静止不动。"
>
> 先生们,不知你们是否明白这个故事的寓意,希望你们明白了。今晚的餐后演讲者,首先是走径直的方向(起身离座,做示范)——即太阳向前的运动。然后他又返回,开始重复自己——即太阳向后的运动。最后,凭着良好的方向感,将自己带到终点。这就是我们刚才说过的太阳静止的运动。

这种紧扣主题的传神形象演讲,可谓惟妙惟肖、天衣无缝,如何能不赢得现场观众的热烈掌声和欢笑声呢?

通常来说,成功的演讲体现在启迪真理、激发感情、感染艺术、导引行动等效果。而幽默风趣的结尾,是整个演讲幽默的升华,也是演讲者全部幽默智慧的总爆发。它能将演讲者所传递的信息如同印章一般印刻在听众心坎上,使隽永的意蕴余音不绝。

 与口才

第六章　幸福不太难，用幽默浇灌爱情的花朵

要想赢得真爱，往往需要一颗真诚的心，一种诚挚的情，更需要机智与幽默的表达，从而制造出一种活泼宽松的交际氛围。这正如日本幽默家秋田实所说的："幽默是爱情的催化剂，因为幽默的言谈最易激发爱的温柔，借助幽默，我们能让自己所爱的人感受到无比的幸福和快乐，顺利取得求爱的成功。"

第六章　幸福不太难，用幽默浇灌爱情的花朵

1. 用幽默把握住一见钟情

如果有一天，你"众里寻她千百度"的梦中情人，突然出现在你"灯火阑珊处"的视野里，你该怎么办？

作为一个男孩子，当你走在回家的路上、在同学聚会中，或是在公共汽车上，突然看到一位似曾相识的女孩，亭亭玉立，光芒四射，气质不凡，她正是你梦中一直追寻的"她"！你该怎么办？

现实中，有许多男孩子不敢尝试，担心会遭到女孩的拒绝。其实，几乎所有女孩都以被众多的男士追求而骄傲和自豪。所以，以一颗幽默的平常心勇敢地与你中意的姑娘攀谈。勇敢地把握这一个个相爱的机遇吧！我们来看看法国著名领袖戴高乐将军是怎么做的：

> 在1920年巴黎的一次舞会上，上尉戴高乐邀请汪杜洛小姐跳舞时说："我有幸认识你，小姐，使我非常荣幸，是一种莫名其妙的荣幸……"而汪杜洛则说："不是吗？上尉先生，我不知道还有比您的话更动听，比此刻的时光更美丽……"他们一边跳着舞，一边倾诉着，当跳完第六支舞曲时，已经山盟海誓，定下终身了。

这闪电式的恋爱，的确是一见钟情。戴高乐将军的成功除了他本身所具有的魅力外，还在于他对汪杜洛小姐发自内心的真诚的赞美，另外，他那句"是一种莫名其妙的荣幸……"难道不带

与口才

有一丝淡淡的幽默味道吗？

我们在类似上面故事中的情势下，该如何具体地运用幽默呢？首先要有勇气，你不能被漂亮女孩的傲气吓得手足无措，要尽量保持一颗平常的心，把她看作是一个很随和的人，走近她和她搭话。然后，尽可能地利用一切可见的情景、可捕捉到的任何线索幽默一下，跟她开个玩笑。俗话说："笑了，事情就好办了。"如果她肯露出灿烂的笑容，那下一步就容易了。

> 一位男生看上了新闻系一位漂亮的女孩，却不知道她的名字，也一直苦恼没有机会与她搭讪、接触。
>
> 有一次，机会终于来了，他看见那位女孩独自一人走进一家牛肉面馆，他毫不迟疑地跟着进去了。
>
> 他有点紧张地向这位女孩开口问道："经常在校园见你，请问你叫什么名字？"
>
> 那女孩很纳闷地抬头看着他，说："我叫意大利面啊！"
>
> 她显然不想报上真名，但这位男生没有气馁，他红着脸，"噢"了一声，改口道："那么，我也给自己起个面名吧，我就叫加州牛肉面。"
>
> 女孩冷漠的脸上立刻露出灿烂的笑容。
>
> 后来，这位"意大利面"真的成了"加州牛肉面"的妻子，这就是幽默的奇异效果。

与女孩子第一次接触时，许多男孩子最惯用的办法是把预先设计的程序、语言抛出来；有些人甚至提前准备一张纸条，见面之后塞给对方了事。这种办法在多数情况下效果并不理想，因为我们根本就无法预知实际的情形：什么样的场合、在场的有哪些

第六章 幸福不太难,用幽默浇灌爱情的花朵

人、女孩态度会是什么样的、说什么话更合适,等等。而幽默的使用是不需要预先设定的,它总是敏感地捕捉现场信息,并引而申之,产生幽默效果,逗对方发笑。

初谙世事的女孩子总希望与自己身边有修养的优秀男孩相识、交往,但许多人连相识这一关都过不了。许多女孩切身感到,与男孩搭讪,说第一句话所面临的最大困难就是语言问题。那么,女孩子该怎样用幽默的方式同一见钟情式的恋人交谈呢?

> 吉娜是个朴素热情、富于幻想、热爱自然的姑娘,当她第一眼看到马连后就立即爱上了他,并大胆幽默地向他表白道:
> 你在我的梦里出现过,
> 我知道,你是上帝派到我这里来的。
> 这虽不可捉摸,我却已经感到亲切……
> 你会成为我终身的保护者吗?

吉娜对马连真可谓是"一见钟情"。但通常情况下,"一见钟情"的爱恋,是由爱恋双方的直觉感官产生的,是由对方的形象、印象起决定作用的,如外貌、风度、言谈举止,等等,这些因素使男女双方的"钟情"往往产生于"一见"之际。

美好的爱情往往是可遇不可求的,我们要善于运用幽默抓住身边的每一个机会,在一见钟情的时候,用幽默的语言表达出我们内心深沉的爱恋。

与口才

2. 运用幽默技巧向对方表白

在实际生活中,很多年轻小伙子相貌堂堂,举止文雅,也很有能力,又不乏"男子汉"的风度,却每每情场失意。究其原因,关键就在于他们不善幽默,使其缺乏个人魅力。他们或者寡言少语,或者饶舌不停,然而,没有一句话是机智幽默的。这就会使姑娘们感到索然无味,话不投机。相反,富有幽默感的人在谈情说爱时往往更容易成功,因为他们在与心仪对象约会时,往往善于运用幽默语言进行表白,从而使感情火速增长,顺利步入爱情的殿堂。

通常情况下,感情是需要慢慢培养起来的,当感情发展不可抑制时,就要巧妙地运用幽默技巧向对方表白。需要注意的是,表白时不能操之过急,也不要过于慷慨激昂。法国人是最懂浪漫的,他们的内心如火般狂热,而在表达方式上却很含蓄委婉,也正是因为如此,使得他们极具个人魅力,成为情场上的佼佼者。

要想收获成功的爱情,主要就取决于表白时的说话技巧,而这种技巧性主要体现在幽默程度上。在表白中适当注入幽默,不仅能调剂心情,还能愉悦关系。否则,你就是许诺再多,往往也无法得到对方的青睐。

爱迪生在年轻的时候,一心扑在工作上,每天都在实验室中忙碌,很少关注自己的生活。就在他母亲去世两年后,朋友们见他的生活实在是太贫乏无味了,除了工作还是工作,于是,都纷纷建议他该为家里找个女主人了。

第六章　幸福不太难，用幽默浇灌爱情的花朵

其实，在爱迪生心里，早就有意中人了，就是他的助理玛丽，一个聪明勤劳、温柔漂亮、善解人意的女孩。可是，由于是工作上的伙伴关系，他因为担心表白不成功而造成尴尬，迟迟没有勇气表白。

有一天，爱迪生的心情似乎很好，在实验室里和同事们有说有笑，他忽然对玛丽说："我要娶你。"

玛丽听了，以为他又在开玩笑，于是回答："哦，那当然好啊。"

玛丽说完了根本就没当回事，谁知爱迪生第二天就带来了戒指套在玛面的手上。玛丽顿时惊呆了，没有想到爱迪生是认真的。但是，她仔细思考了一下，她意识到爱迪生对自己也是有爱意的，只是他从不表达罢了。

于是，玛丽接受了爱迪生的求婚，两个星期之后，两人就步入了婚姻的殿堂。在婚礼的宴会上，爱迪生幽默地对朋友说："这次的实验完全没有准备，虽然违反了实验程序，但竟然成功了。"

如果爱迪生把求婚的所有招式都全盘托出，朋友会听得很无聊。但是，通过这种幽默风趣的语言表达出来，既避免了一场乏味沟通，也表现出爱迪生圆满收获爱情的意外惊喜。

向对方表白爱情，不一定非要在一些正式的约会场合，在实际生活中，只要我们细心观察，随时随地都可以向对方表白。例如，女友带你回家，见到了她的父母，她也许会问："你喜欢我爸妈吗？"你如果千篇一律地回答："喜欢，他们两位老人都很慈祥。"就会显得索然无味了。但是，如果你换用一种方式，幽默地说："这就要看他们是否同意我早点娶你了。"这句话不但别具趣味，而且不失时机地表达了对女友的爱，女友肯定爱从

与口才

心来。

在我们向心仪对象表达内心的爱慕之情时,有时情况会演变得极为复杂,这时候,就需要你发挥聪明才智,施展一点小技巧来增添情趣。大文豪托尔斯泰对这一技巧应用得得心应手。

>托尔斯泰年轻的时候喜欢上了一位名医的女儿,可是一直都不敢对她表白,他时常到名医家中做客,这和善的一家人对他印象都很好。由于托尔斯泰的沉默寡言,这家人都误以为托尔斯泰对他们的大女儿有好感,所以就尽量地撮合他们。令人意想不到的是,他其实是喜欢上他们家的小女儿苏索亚。
>
>有一天,托尔斯泰参加苏索亚家举办的一个派对。当其他人忙着跳舞、谈天时,他将苏索亚拉到一个角落里,说要和她玩猜谜,他用粉笔在小桌子上写了一些字。他指着每个字的第一个字母对苏索亚说:"请你将每个字的第一个字母拼起来。"当所有的字母组合起来,就变成了一句话:"我爱的是你,不是你姐姐。"苏索亚羞红了脸,点头接受了他的爱意。

我们在向心仪对象表达爱意的时候,并不一定要直接表达,可以通过一些有趣的方法间接地表达出来,反而能够触人心弦,营造出与众不同的气氛和情调。

不失时机地向心仪对象表达爱慕之情,直接决定爱情的温度与进展。所以,我们在表白时,一定要用点儿心思,不管是含蓄也好,轰轰烈烈也罢,生动地表达绝对会有加倍的效果。不仅如此,在多年之后彼此回想起来,也会别有一番滋味与情趣。

第六章　幸福不太难，用幽默浇灌爱情的花朵

3. 幽默是一种含蓄的异性交往方式

男女之间的恋情是从男女之间的交往开始的，这种交往不仅是正常的，而且是必要的，它有益于身心健康。心理学的研究和实际观察发现：交往范围广泛，既有同性知己，又有异性朋友的人，比那些少有朋友，或只有同性朋友的人的个性发展更完善，情绪波动小，情感丰富，自制力较强，心理健康水平较高，容易形成积极乐观、开朗豁达的性格。

拘谨、畏缩，妨碍男女之间的交往；过分热情、随便，又显得轻浮，不庄重，同样是不可取的。那么，怎样才算是正确的与异性交往呢？

首先，注意交往的方式。或聪明善良，或乐观大度，或稳重干练，或幽默健谈……，广泛的交往能使我们在吸收众人的优点的同时，开阔眼界和心胸，同时可以寻找合适的机会，与异性发展"一对一"的恋爱关系。在人际交往过程中，每个人几乎都有说错话的经历，这也无可厚非，说错了不要紧，只要你能迅速作出补救措施，就能化险为夷。许多社交高手往往是这么做的。

在一次男女聚会上，一位男士对坐在他对面的女士产生了好感，为了引起她的注意，于是他说道："见到你很高兴，你丈夫怎么没来？"

"对不起，我还没有出嫁……"

"噢，明白了，你丈夫是个光棍？"

其次,要把握交往的尺度。对方约你一同参加某项活动,如看电影、观画展、逛书市,这是正常的、公开场合的两性交往,完全可以大大方方地赴约。女孩子应端庄、坦荡,不使对方产生误解和非分之想;男孩子要沉稳、庄重,尊重对方。但是,男女之间总是充满神秘感的,双方之间也总是充满了诱惑。这时候可以用幽默的方式化解因诱惑而引起的尴尬。

在某航空俱乐部的一次集会上,一位漂亮的空姐身着晚装,胸部半裸,颈上系着的一个金色小飞机饰品刚好垂在胸部。

一位青年空军军官很腼腆,当他看到女孩子白皙、丰满的胸部时,便害羞地低下头。

这时,这位魅力诱人的女孩子温柔沉静地向他说:"啊,您喜欢这个金飞机吗?"

空军军官的话在不经意间脱口而出,话声虽低但很清楚:"小飞机非常漂亮,可更漂亮的是……"

漂亮的女孩子看了看飞机饰品。这时,空军军官最后鼓起勇气说:"更漂亮的是机场……"顿时,女孩子开心地笑了。

这句话使漂亮的空姐感到意外。因为青年军官并没有俗不可耐地说:"漂亮的是你的胸部。"而是暗示地说"更漂亮的是机场……"幽默终于使他们相互深深地吸引。

只要采用合适的交往方式,把握与异性交往的尺度和时机,诚恳对人,热情大方,自尊自重,便能处理好与异性的关系,以自身良好的修养和人品赢得异性的尊重和爱情。

正是由于这样,幽默作为一种含蓄的异性交往方式,使得人们乐以此道在恋爱生活中表达爱的情感，使人在欢笑中体会到彼此的爱。

4. 幽默是爱情的红娘

俗话说得好："相爱容易相处难。"恋人在恋爱的过程中，虽然洋溢着甜蜜与幸福，但是，难免会因为一些小事产生误解或怨恨，如不及时处理，很可能会影响恋人之间的感情，甚至成为分手的导火索。

如何才能快速化解恋人之间的矛盾呢？答案很简单，那就是幽默。当恋人间的一方做错了事或有过失的时候，不妨运用简短的幽默代替冗长的解释，由此，不仅能避免对方没完没了的埋怨，还能化解对方心中的不满和怨恨。

有一对年轻恋人约会，男孩比约定的时间晚到了半个小时，女孩儿噘着嘴不大高兴。男孩见此情景，不急不忙地走到女朋友身边，微笑着对她说："我今天有一个重大发现。"女孩儿虽然生气，但也有些好奇，用疑惑的眼神看着他。这时，男孩儿上前一步附在女孩儿的耳旁低声说："我发现你噘嘴的时候最漂亮！"

一句悄悄话，顿时让女孩儿的脸上"多云转晴"，漾起了幸福和原谅的微笑。

男孩巧用一句赞美式的幽默，轻松获得了女友的原谅。但是，迟到终究是不对的，一次两次，恋人能够容忍你的错误，那

与口才

是因为有爱情的力量,如果时间久了,你总是如此,难免会让对方觉得你对其不够重视,而影响你们之间的感情。所以,我们在与恋人相处的过程中,还是尽量要做到守时守约。

如今这个时代,"野蛮女友"是越来越多,这不仅仅体现了现代女性的个性化,更是现代男性包容女性的结果。然而,男人大多好面子、爱吹嘘,所以很容易出现面对女友"当面羊,背后狼"的情形。就像下面这位先生:

在一个生日宴会上,大家玩得非常尽兴,小庆对小丘说:"听说你女友是个'河东狮'?"

当着这么多人的面,小丘为了保全面子,只得跟朋友吹嘘:"哪里,她见了我像见了老虎一样。"

谁知,这话正好被出去打电话回来的女友听到了,大骂道:"你说谁是老虎?你敢再说一遍?"

这时,小丘只好讨好地说:"亲爱的,当然我是老虎,你是武松呀!"

女友被逗笑了,气也消了。

小丘巧妙地运用了"武松打虎"的典故,安抚了盛怒中的女友。如果你也有这样的"野蛮女友",你不妨也试试这一招。

在明确自己做错了的情况下,你不妨以幽默的方式跟你的恋人一起笑你所犯下的错误。然而,生活中的某些小错误是无法依靠一个简单的自嘲来弥补的。如果你惹得恋人生气了,又拉不下脸来道歉,你不妨多给予对方一些关爱和体贴,以此温暖对方受伤的心。

一对恋人吵架了,姑娘气得转身就要走。小伙子一把

第六章 幸福不太难，用幽默浇灌爱情的花朵

抓住女友的手，把她拉到附近的餐厅里，温柔地说："亲爱的，你要走，得先把饭吃了，你才有力气走；要吵，你也得先吃饭，你才有精力跟我吵架啊。"见男友在吵架时还不忘记关心自己吃饭，姑娘忍不住笑了，两人和好如初。

小伙子的话，不仅逗笑了女友，还传达出了对女友深深的关爱之意。小伙子的幽默就像及时雨，使双方的矛盾隔阂很快消除。

有些时候，双方因为一时的矛盾无法解开而僵持了多天，这时，又该如何破冰呢？下面这位小伙子的做法很值得我们借鉴：

有一个小伙子犯错惹怒了女友，女友连续好几天都不理他。小伙子只好将一袋女友爱吃的荔枝和一罐红豆放到女友家门口，并附上一张字条，上面写道：红豆生南国，春来发几枝。愿君多采撷，此物最相思。送你一袋荔枝，愿解心头锁。唯有一事求，请你原谅我。

红豆寄相思，荔枝表歉意。看到小伙子那么有才情的诗句，女友必定能忘却心里的不快，并回以对方莞尔一笑吧。

幽默是爱情中的红娘，恰当运用幽默，不仅能化解尴尬，弥补错误，还能增进彼此的感情，最终让有情人终成眷属。

曾担任过美国国务卿的卡特利特·马歇尔在一次酒会上被一位小姐的美貌深深吸引，酒会结束后，马歇尔开车送这位小姐回家。由于对这段路的不熟悉，马歇尔左绕右绕地开了一个多小时的车才把这位小姐送到家门口。

这时，这位小姐问马歇尔："你是刚搬到这边的吧，你

对这里的路线似乎不是很熟悉。"

马歇尔笑着回答:"如果我对这个地方不太熟悉,怎么能够开一个小时的车,而一次也没经过你家门口呢?"

这位小姐被马歇尔的风趣逗笑了,后来,她成了马歇尔的妻子。

马歇尔的回答巧妙而机智,既避免了自己耽误对方时间的尴尬,也隐含着想和对方多待一会儿的心意。

幸福的爱情不仅仅是由浪漫和激情组成的,不幸的爱情也并非只剩争吵与伤害,一个小小的幽默,不仅可以调情,还能够提升爱情的温度,甚至,有时还可以挽救即将分裂的两颗心。在幽默的言行背后,往往跟随的是无尽的幸福。

5. 爱情生活也需要幽默感

幽默是把欢乐布满人们生活空间的高效酵母。幽默感可以洋溢于日常生活的每一个空间,而在恋爱这个领域,幽默大师们更是留下了五彩斑斓的幽默题材。这类幽默故事和材料本身就像一座开采不尽的矿藏,随时挖取出来稍做加工便可以美化、"乐化"您的生活,增添您生活中的笑声。

择偶时,对方的物质条件虽不是最紧要的,但也是不可忽视的。很少有人爱上叫花子,却有太多的人喜欢富翁,你可以说她们太俗气,但这世界上毕竟是俗人多。说到这里,钱在择偶中的地位已昭然若揭了。男女相悦,从相识开始,在选择对象这一问题上,不同的价值取向使不同的人展示了各自的手段和才华。我

第六章 幸福不太难，用幽默浇灌爱情的花朵

们来看一个把钱作为择偶标准的例子：

有人问一个如花似玉的少女："你为什么嫁给一个风烛残年的老头？"

少女反问道："如果有人给你一张百万美元的支票，你能不关心支票上的兑现日期吗？"还有这样令人伤心的对话：

"你和玛丽的婚约撤销了吗？"

"是的，她不愿嫁给我，嫌我穷。"

"你没有告诉她，你叔叔很富吗？"

"告诉啦，所以她现在是我婶婶了。"

择偶时，最好做到不特别看重对方现有的金钱与物质条件、不把对方现有经济条件的优劣作为择偶的重要标准，为人处世不处处冷血势利、不见钱眼开，认同"君子爱财，取之有道"的道理，能靠自己的聪明才智与实力脚踏实地的工作、发展事业。

近日，S先生来到某婚姻介绍所。他今年已经39岁，但是一进婚介所他就提出"梦中情人"的要求：漂亮，27岁，体重100斤左右，不胖不瘦，瓜子脸，白皮肤，温柔，有女人味。目前，像S先生这样因择偶条件过于苛刻，以至于屡战屡败的人并不在少数。

一位老姑娘来到婚姻介绍所，对工作人员说："我感到太寂寞了！我有遗产，什么都不缺，只少一个丈夫。你们能帮我介绍一个吗？"

工作人员说："你能谈谈条件吗？"

老姑娘说："他必须是讨人喜欢的，有学识，懂礼貌，

与口才

能说会道,喜欢运动,最好还能歌善舞,趣味广泛,消息灵通……当然,最重要的一条,我希望他能整天在家里陪着我,我想要他说话,他就会开口;我不要他说话,他就能闭嘴。"

"我懂了,小姐,"工作人员耐心地听完后说,"你需要的是一台电视机。"

大家都知道,时常互相欺骗的恋人,他们的感情也不会太长久。一对男女如果互相欺骗,往往还会闹出可怕的笑话,如果是下面这样的一对恋人,双方还是及早"鸣金收兵"为好。

"亲爱的小彤,"年轻的李密在信中写道,"请原谅我打扰你。由于热恋,我的记性竟然变得如此糟糕。我现在一点儿也记不起来,当我昨天向你求婚的时候,你说的是'行'还是'不行'。"

小彤很快回了信,信中说:"亲爱的小密,收到你的来信我真高兴。我记得昨天我说的是'行',但是我实在想不起是对谁说的了,再一次吻你。"

在这个到处充斥着"快餐式"爱情的时代,恋人变心可能是很多年轻人经常遇到的事情。有些人不能承受恋人变心的打击,可能会变得精神失常、报复社会,严重的甚至会自杀。那么,面对恋人的变心,什么样的做法才是理智的呢?我们不妨看看下面这个故事中,小伙子是怎样对付变心的女友的,他的办法颇具匠心:

一位驻扎海外的士兵收到国内女朋友的绝交信,说她

第六章 幸福不太难，用幽默浇灌爱情的花朵

有了新恋人，而且马上要结婚了，请士兵寄还她的照片。于是士兵从战友那里搜集来各式各样的女人照片，统统装入木箱，寄给见异思迁的女友。

女友发现箱子有一张便条，上面写道："请挑出你自己的照片，其余的寄回来。"

正如劳伦斯（LaurenceSterne）所说："世俗生活最有价值的就是幽默感。作为世俗生活的一部分，爱情生活也需要幽默感。过分的激情或过度的严肃都是错误的，两者都不能持久。"

6. 幽默是爱情的催化剂

日本幽默家秋田实认为，幽默是爱情的催化剂。那么，究竟应该怎样向恋人表露自己的爱慕之情呢？这既没有固定的程式可循，也没有现成的话语可套，不过，你不妨运用幽默的求爱方式，即使不能情场得意，至少，也不会给以后的交往造成障碍，还可以保留一份美好的回忆。

而当你将一种语体的表达改变为另一种完全不同风格的语体来表达时，常常会让人忍俊不禁。用这样一种方式来向对方求爱，会使对方在轻松愉悦之中欣然接受。电影《阿飞正传》中就有一段很有创意的幽默情话：

在一个慵懒的下午，阿飞对着苏丽珍说："看着我的表，就一分钟。16号，4月16号。1960年4月16号下午3点之前的一分钟你和我在一起，因为你我会记住这一分钟。从现

在开始我们就是一分钟的朋友,这是事实,你改变不了,因为已经过去了。我明天会再来。"

这样幽默又创意的情话,相信没有几个人可以抵挡得了吧!反正苏丽珍没有,下面是她的内心独白:

我不知道他有没有因为我而记住那一分钟,但我一直都记住这个人。之后他真的每天都来,我们就从一分钟的朋友变成两分钟的朋友,没多久,我们每天至少见一个小时。

现实生活中也有这样的例子,有一个男孩就是用这种新颖的赞美方式,射中了自己的"白雪公主",并娶其为妻。妻子幸福地诉说他们浪漫的爱情:

当我在一所大学里做兼职银行出纳员时,一个漂亮的小伙子几乎每天都要到我的窗口来。他不是存款就是取钱。直到他把一张纸条连同银行存折一起交给我时,我才明白他是为了我才这样做的。

"亲爱的婕:我一直储蓄着这个想法,期望能得到利息。如果周五有空,你能把自己存在电影院里我旁边的那个座位上吗?我把你可能已另有约会的猜测记在账本上了。如果真是这样,我将取出我的要求,把它安排在星期六。不论贴现率如何,做你的陪伴始终是十分愉快的。我想你不会认为这要求太过分吧,以后来同你核对。真诚的杰。"

我无法抵制这诱人、新颖的求爱方式。

只要你肯扬长避短,在与对方的交往中,在言辞上花一些

第六章　幸福不太难，用幽默浇灌爱情的花朵

功夫，以幽默风趣的谈吐，制造出一种活泼宽松的交际氛围，不知不觉中，你就会获得对方的青睐。可以这么说，如果爱情中没有幽默和笑，那么爱还有什么意义呢？甚至有人说，爱就从幽默开始。

事实上，情书，是用来表达内心的真挚情意，让对方看了能满心欢喜或感动不已，所以必须写得深情款款，才能打动心弦、赢得芳心。情书也是一种极为强烈的"印象装饰"，因它企图通过优美的文词和修饰过的语句，来抒发情感并打动对方的心。幽默的求爱、求婚方式，似乎更有魅力，更富于使人心动的浪漫情趣。下面是一则情书幽默：

> 富兰克林1774年丧偶，1780年在巴黎居住时，向他的邻居——一位迷人而有教养的富孀艾尔维斯太太求婚。
> 富兰克林在情书中说，他见到了自己的太太和艾尔维斯太太的亡夫在阴间结了婚。接下来，他继续写道："我们来替自己报仇雪恨吧。"

这封情书被誉为文学的杰作、幽默的精品。文字情书靠语言表达给情人带来更多的幻想空间；因为，文字情书可以抄抄资料、慢慢修正，或用涂改液涂改，写出嘴巴不好意思说或说不出口的爱意。

> 有一位男青年在给女友的信中说："昨夜，我梦见自己向你求婚了，你怎么看呢？"
> 他的女友巧妙地回答："这只能表明你睡眠时比醒着时更有人情味。"

求爱时，写情书好比投石问路，试探对方对自己究竟有没有"那种意思"，如果过于庄重严肃，一旦遭到回绝，势必在情感上一时承受不了，会陷入痛苦之中。如果恰当地运用幽默的技巧，以豁达的气度对待恋爱问题，即使得不到爱，也不至于懊悔，同时也避免了自尊心受到创伤。

在恋爱方面，常常有人因为不知道如何求爱，或因方法不当，或因言语不得体，使对方产生误解，甚至厌恶反感，结果造成"不成情人成仇人"，把本应是一件美好的事情变成了一件非常糟糕的事情。

要想获得对方的好感，并进一步转化为爱情，首先要有一颗真诚的心和诚挚的情趣，更需要机智与幽默的表达。爱的表达是需要一些技巧的，需要花费一番心思，即考虑怎样获得对方的好感与信任，再考虑怎样将好感巧妙地转化为爱情，而不是一味地死缠硬磨，使人厌恶。制造好感是求爱的准备工作；运用新奇幽默的方式向对方求爱则可收到良好的效果。

7. 幽默拒绝别人的爱

对于一个人而言，不仅有选择爱的权利，还有拒绝爱的权利。当有人向你表白，希望跟你恋爱，而你并不喜欢对方时，你自然就应该果断予以拒绝，不能拖泥带水。但是，拒绝对方的言辞要委婉恰当一些：如果你的言辞过激，不仅会伤害对方自尊，还可能使其因爱生恨；如果你的言辞过于隐晦，又可能让对方抱有幻想，继续跟你做无谓的纠缠。因此，恰当地把握拒绝的分寸是非常重要的。

第六章　幸福不太难，用幽默浇灌爱情的花朵

接受一个人的爱往往是一件很容易的事情，而拒绝示爱的确是一件很困难的事情，尤其是面对那些狂热的追求者。为了不伤害对方的自尊，使其陷入难堪之中，你不仅要用简单的语言把意思表达清楚，还要尽量给对方留一些余地，如果可以的话，你尽量要运用一些幽默的言辞，使得对方能展露笑颜。

法国科学家格林吉亚成名后，受到不少女青年的爱慕。也有一些不拘小节的姑娘采取不适当的求爱方式。

一天，有一位姑娘只穿着短裤、内衣闯进他的实验室，对这位科学家说："亲爱的，你觉得我的身材美吗？诱人吗？"

格林吉亚平静地说："是的，太美了，美得同维纳斯一样，可我总不能玷污圣洁的维纳斯呀。"

幽默者在拒绝求爱时，如果能使遭到拒绝者发出"无可奈何"的一笑，这应该是最佳效果了。求爱者既明白了对方的坚决态度，主动放弃继续追求，同时，这一笑也多少化解了其痛苦和尴尬，使双方的关系不至于太僵。

得到别人的倾慕是你的魅力，有能力巧妙地拒绝示爱则是你的另一种魅力。所以，拒绝求爱的言辞一定要格外谨慎，最好不要让对方产生被看不起的想法，应该尽量机智幽默地表明心意。

古罗马帝国女数学家希帕蒂娅长得特别漂亮，时常有英俊少年、贵族子弟跑来向她示爱，对她展开强烈的爱情攻势。望着桌前堆成小山状的求爱信，希帕蒂娅非常头疼，她对爱情抱着慎重和严肃的态度，当然不会轻易接受别人的求爱。

于是,希帕蒂娅拒绝了所有的求爱者,她的拒绝理由也只有一个:"原谅我不能接受你,因为我已经献身真理了。"

对于不合心意的求爱者,我们应该像希帕蒂娅一样,坚决地推辞掉。但是,推辞的语言要恰当,要委婉幽默,既要将自己的意思表达清楚,让对方没有心存幻想的余地,又不能让对方觉得你不近人情。这些借口不会损害对方的自尊心,不仅能保全他人的面子,还可以表明自己的心迹,堪称美妙得体、委婉含蓄。

如果你不喜欢对方,又感受到了对方的心意,在对方正式对你表白之前,最好想办法提前表明心意,这样就可以避免暧昧,也不会让对方误解。如此一来,对方会主动放弃对你的追求,双方也不会因此陷入尴尬局面。

小张是一位护士,长得漂亮又机灵,医院里有一位年轻的皮肤科医生小王一直很喜欢她。这天下班,小王对小张说:"小张,一起去吃饭好吗?我有一件非常重要的事想跟你说。"

小张马上就明白了"重要"的含义。于是,她笑着说:"好啊!我也刚好有事情要请你帮忙呢。"

小王一听高兴极了,满脸笑容地说:"行,只要是帮你的忙,我绝对两肋插刀。"

小张笑了:"可没那么严重,不过是我男朋友脸上长了几颗青春痘,我想问你怎么治疗效果更好一些。"

采用类似幽默含蓄的拒绝方法,一般情况下都很有效,能够使对方不损颜面地知难而退,也能避免天天见面的尴尬。

第六章　幸福不太难，用幽默浇灌爱情的花朵

如果对方是私下示爱，无论你如何讨厌对方，都要很有礼貌地先表达谢意，然后再婉转地拒绝对方。就算对方紧追不舍，你也要时刻注意自己的态度，言辞必须真诚、友善、婉转，让对方在笑声中了解你的真实心意，感受到你传递的温暖信息。使对方容易接受，千万避免不礼貌的挖苦和辱骂。

> 有一位钢琴师向同乐团的一位姑娘求爱，他的情书内容如下："你的皮肤像白色琴键那么白净，你的头发像黑键那么黑亮，在我眼里，你是世界上最美的一架钢琴。"
> 在回信中，那位姑娘写道："可是我是拉小提琴的，而从你身材看来，很像大贝斯（低音提琴，样式笨大），我担心咱们两个琴瑟不谐呀。"

姑娘针对钢琴师职业感十足的求爱信，采用同样充满职业特性的回信予以拒绝。由琴瑟和谐到琴瑟不谐，拒绝的语言也透露出姑娘高雅的气质。

在爱情的角力之中，被拒绝的一方免不了会有受伤的感觉。如果拒绝的一方能够主动安慰一下，那便再好不过了。在拒绝一名男孩的求爱后，漂亮的女孩安慰他说："不过，你不必过于伤心，我会永远欣赏你的好眼光。"以一种赞许的姿态来回应别人的爱慕，不仅是一种有良好教养的表现，也是一种十分得体的处世方法。

最后还要提醒大家一点，拒绝他人求爱后，我们要注意帮对方保密，特别是同学、同事之间，以免让对方陷入尴尬，不好做人。当年，著名数学家陈景润拒绝了众多爱慕者的求爱后，便将她们的求爱情书一一烧毁，他说："这些姑娘以后还要恋爱、结婚，我一定为她们保密，扩散出去会对她们有影响。"

在恋爱中,我们要学会幽默地拒绝别人,这样一来,既可以彰显自己的人格魅力,也不至于伤了求爱者的自尊。

每个人都有爱与被爱的权利,如果对方请人转告或是暗示,希望与你建立恋爱关系,而你的心里对此人并不满意,那当然就要推辞掉。

但是,辞爱的语言要恰当,要委婉幽默,既要把自己的意思表达清楚,让对方没有心存幻想的余地,又不要太不近人情。

尤其是对身边的同事或同学,辞掉对方的求爱更应该注意方式。如果你当时不加考虑,生硬地说"不",或许若干年以后,你会后悔当初辞掉的除了爱情还有你并不应该辞去的友情。

有位漂亮的姑娘突然接到一封情书,打开一看,是单位里表现很一般的小杨写的。

"癞蛤蟆想吃天鹅肉",一气之下她把情书贴到了单位饭堂。结果小杨被羞得无地自容,原来追求她的人也都被吓跑了。

三年后,小杨终于找到称心的伴侣,而漂亮姑娘还是孤零零一个人。

所以,假如求爱者与你条件相差较远,更要注意辞爱要委婉,不然对人对己都不利。

为防患于未然,如果你不喜欢对方,那么对于对方抱着谈情说爱想法的约会,最好婉言谢绝,让对方明白你的心思,放弃对你的追求。但要注意方式方法,不可伤害对方的自尊心。

一位年轻的厨师给他喜欢的姑娘写了一封情书。他这样写道:"亲爱的,无论是择菜时,还是炒菜时,我都会想

第六章 幸福不太难,用幽默浇灌爱情的花朵

到你,你就像盐一样不可缺少。我看见鸡蛋就想起你的眼睛,看见西红柿就想起你柔软的脸颊,看见大葱就想起你的纤纤玉指,看见香菜就想起你苗条的身材。你犹如我的围裙,我始终离不开你,嫁给我吧,我会把你当作熊掌一样去珍视。"

不久,姑娘给他回了一封信,她是这样回复的:"我也想过你那像鹅掌的眉毛,像西红柿的眼睛,像大蒜头一样的鼻子,像土豆似的嘴巴,还想起过你那像冬瓜的身材。顺便说一下,我不打算要个像熊掌的丈夫,因为,我和你就像水和油一样不能彼此融合,你能明白我的意思吗?"

拒绝别人是一种艺术,幽默地拒绝别人,既不会让人难堪,也可以达到自己所要表述的意思。这就是幽默的力量。

8. 幽默的求爱技巧

可能少有人知,伟人马克思其实也是一位情场高手,他在向燕妮求爱时就恰当运用了幽默的求爱技巧:

> 马克思与燕妮早已相识相知,但一直没有互相表白心迹。一天黄昏,他俩又相约于河畔的草坪上,马克思决心向燕妮求爱。他对燕妮说:"燕妮,我想告诉你,我爱上了一个人,准备向她求爱,但是不知她是否同意?"
>
> 燕妮知道这个"她"就是自己,但仍然反问:"是吗?那是谁?"

与口才

马克思说:"我这里有一张她的照片,你想看看吗?"

燕妮紧张地点了点头,于是马克思拿出一只精制的木匣递过去。燕妮接过来,双手颤抖地打开。里面没有照片,只有一面镜子,镜子里正好映照出燕妮已经羞红了的脸庞。

两人之间美好爱情的面纱就这样巧妙地被揭开了,燕妮幸福地接受了马克思的求爱。求爱成功后,相爱开始了。从此,俩人卿卿我我,山盟海誓,如胶似漆。

马克思所用的这种幽默求爱方式,在今天看来,其可效仿指数也是相当高的,朋友们不妨也在求爱的时候运用这种方法,成本很低,只需要一面镜子就可以了。当她(他)看到镜子里的自己的那一刻,你可以看着她(他)的眼睛说这样一句话:"一个19世纪伟大的导师马克思用这种方式向他最爱的人燕妮求爱,今天,我效仿马克思做同样的事情,也希望能获得同样的结果,希望我们能像马克思和燕妮一样恩恩爱爱,白头偕老。"你觉得她(他)还能不被你的浪漫和幽默感动吗?

一直以来,爱情都是一个神圣而温馨的话题。爱情不是苦苦追寻,不是强扭硬缠,而是心与心的交流,是情与情的互换。有的人"一见钟情",婚姻美满;有的人"马拉松式"拍拖,最终分道扬镳。赢得知音、赢得爱情需要一颗真诚的心,一种诚挚的情,更需要机智与幽默的表达。制造好感是求爱的准备工作,运用幽默可形成良好的第一印象。

1949年,当接近不惑之年的罗纳德·里根结识了28岁的南希时,爱情之火在他心中燃起。他虽然面临着电影事业上的困境,但侃侃而谈,以充满热情的幽默最终打开了南希的芳心。从此,每当里根谈话,南希总是凝视着他,全神贯注

第六章　幸福不太难，用幽默浇灌爱情的花朵

地倾听着那富有趣味的妙语，爱情之藤，老而弥坚。

老一代著名电影艺术家赵丹（曾被誉为中国影坛上的"一朵奇葩"）与黄宗英的结合，很大程度上取决于第一次见面时赵丹的幽默。

20世纪40年代，赵丹刚从监狱出来，妻子改嫁。一部电影挑选了赵丹与黄宗英扮演男女主角。在没有见面之前，赵丹就对黄宗英倾心。当第一次见面时，他们有下面的对话：

黄宗英："真没有想到，你会来接我。"

赵丹："为啥我就不能来接你？"

黄宗英："你家里就没有一点事？"

赵丹："家？我早就没有家了。"

黄宗英："我不明白，大上海有那么多明星，为什么千里迢迢要我来？"

赵丹："这叫千鸟易得，一凤难求。"

作为一位艺术大师，赵丹在寒暄中，三言两语就把自己的家庭、婚姻及追求表达得淋漓尽致，他用轻松幽默的谈吐赢得了黄宗英的好感，争取了凤求凰的主动，使他们的珠联璧合有了一个良好的开端。

第一次见面给对方留下良好的印象很重要，但一般情况下，感情还是慢慢培养起来的，当感情发展不可抑制时，也可巧妙地运用幽默技巧向对方求爱，求爱时不能操之过急，也不要过于慷慨激昂。法国人是最懂浪漫的，下面我们就来领略一下法国人浪漫的求爱方式：

在法国,有一个小伙子爱上了一位姑娘。一天,他又来到姑娘家,两人在火炉边烤火。最后,他说道:

"你的火炉跟我妈的火炉一模一样。"

"是吗?"姑娘漫不经心地应道。她还以为这是小伙子随便说的一句话。

"你觉得在我家的炉子上你也能烘出同样的碎肉馅饼吗?"他幽默地问。

姑娘愣了一下,随即悟出了问话所含的意义。她欢悦地答道:"我可以去试试呀!"

一个普通的火炉,一种碎肉馅饼都被这个法国青年作为求爱的工具,幽默风趣,含蓄委婉,与如此浪漫机智的男青年在一起,姑娘的幸福可想而知。借助幽默,我们能让自己所爱的人感受到无比的幸福和快乐,顺利取得求爱的成功。

9. 幽默大度,失恋不失态

我们不得不承认,失恋的确会给人造成极大的伤害。尤其是在自己不想分手,而对方却坚决提出分手的情况下,就更不容易释怀。有些人不堪承受痛苦,在失恋后做出一些极端的事情,轻者终日喝酒买醉、颓废度日,重者会选择刀枪相向、以死相威胁。

或许,被分手的瞬间会让你觉得尴尬、觉得落魄,内心更是犹如万箭穿心一般,但不管如何,都请你不要失了姿态。既然爱情已经失去,你就要努力保全你的尊严,莫让自己输得一败涂

第六章 幸福不太难，用幽默浇灌爱情的花朵

地，不要让对方暗自庆幸，觉得离开你是件正确的事情。所以，被分手时，请你不难过，失去一个不爱你的人，你应该为自己庆幸，你可以大大方方地幽他（她）一默，别管是出于真心还是假意，都送上一句祝福，好聚好散，至少让彼此拥有一个美好的回忆。

黄娟是公司女董事，她的男友是她的一个下属，然而，他们仅仅相恋半年，男友就移情别恋，迷上了另外一个女孩。为了给黄娟留些颜面，他模仿辞职信的样式，给她写了封分手信，请辞"情人一职"。黄娟看到信非常难过，但是，考虑都男友是自己的属下，她不想因此失态。后来，黄娟便写了这样一封回信：

您好：

关于您请辞的提议，经过董事会开会讨论，以下决议事项向您说明：因您当初面试时的职务为情人，标准要求自然很高。尽管试用期间你的表现不佳差点被开除，但念在你苦苦哀求且信誓旦旦地说明自己能够改进与胜任，才予以留任。如今您自愿请辞，董事会当然应允，但自动离职是没有遣散费的。假如您愿意，马上将您调转朋友部门，另施重用。

董事会成员代敬上

黄娟作为公司女董事，而男友偏偏是其下属，如果在分手一事上有什么失态行为，日后很难在公司树立领导威严。于是，她也用回复职员辞职信的方式，给男友写了一封回信，并大方地表示可以继续做朋友，以此减轻对方的心理压力。对待分手有如此的度量，实属难得。

与口才

当然，在日常生活中，很少有人能像黄娟这样，在分手后仍能保持冷静，把被甩这件事当作处理公司日常事务一样，以寻求利益的最大化。但是，就算你在分手时无法表现出黄娟的气度，至少你要保持理智，坦然接受现实，与对方彻底划清界限，适时维护自己的尊严和利益。

女孩："我们分手吧！"
男孩："必须要分吗？"
女孩："必须！"
男孩："那好，我能问你最后一个问题吗？"
女孩："别问了！我爱过你！"
男孩："不是这个。"
女孩："我们以后做不了朋友！"
男孩："也不是这个。"
女孩："那你到底想怎么挽留我？"
男孩："我并没有想挽留你，我想问你，你微信上绑定我的银行卡，解除了吗？"

男孩在遭遇被分手时，没有对女友提出任何质问，更没有强加挽留，而是关心女孩在微信上绑定他的银行卡是否解除，这完全出乎女孩的意料，既打击了女孩的自信，也维护了自己的尊严和利益。

很多时候，如果一个人爱得太深，付出的太多，一时间会很难接受分手的冷酷现实。如果你实在想不开，觉得委屈，那么，你可以尝试一些略带报复意味的小幽默，想办法让对方知道点厉害。

第六章 幸福不太难，用幽默浇灌爱情的花朵

小雪的男友爱上了别人，提出要跟她分手。小雪真诚地表示挽留，竟然被断然拒绝，而且男友一点儿情面都没给她留。几天后，小雪找了个借口约男友出来见面，然后大大方方地递给他一本包装精美的礼物，微笑着祝他幸福，然后潇洒地转身离开。

小雪走后，前男友打开了礼物，原来是一本名为《男人不该劈腿的N个理由》的书籍。

相信负心人在看到这个书名时，一定会露出惊愕且负疚的表情。

相比较而言，创造后一种幽默要更容易得多，因为气场氛围比较贴近。只要你曾经认真投入到一段感情当中，被分手后自然会心痛到极致，脑子里很容易产生报复的想法，如此一来，创造"恶作剧式"幽默要容易得多，往往也更容易让自己得到一些宽慰。但是，这里需要注意的是，这类幽默的恶作剧千万不能失了分寸，如果幽默过火，就会变成人身攻击，就会降低你的人格了。

在漫长的人生路上，如果我们想让自己活得快乐、活得洒脱，我们就要学会放下一些已经不属于自己的东西。在谈及幸福的秘史时，著名影星英格丽·褒曼就曾幽默地说："幸福就是健康加上坏记性。"人在世上行走，无论是谁，都要经历失恋，经历失去，但是，正是在不断失去的过程中，我们不断成长，不断变得强大起来，所以，我们要学会健忘一些、宽容一些，或许，在下一站你就会遇见你想要的幸福！

 与口才

第七章　家庭是欢乐的海洋，幽默必不可少

每个人都希望家庭的港湾宁静而和谐，而宁静的生活也需要笑声做点缀，和谐的日子也需要幽默来调剂。在家庭中适当运用一些幽默话语，往往能使家庭气氛更融洽，家人生活更加幸福。

第七章 家庭是欢乐的海洋，幽默必不可少

1. 家庭生活需要幽默

生活永远是一个复杂而深邃的话题。文学巨匠老舍先生曾把生活比喻成"五味瓶"，千姿百态的生活场景展现在我们面前，而我们要做的是在思想上积极向往美好的生活，在语言上尽力美化我们的生活，这就需要幽默的言语。

一个美满的家庭，就像一辆行驶在漫长公路上的汽车，除了要把好方向盘和加入燃料外，同时切莫忘记给车子加入润滑油，免得机器摩擦过热，发生故障而抛锚。幽默力量的作用就像润滑油那样，切不可忽视它的特殊功能。

在家庭生活中，需要理解和宽容，需要用恰当的幽默保持温暖和谐的家庭气氛。懂得如何在婚姻与家庭生活中运用幽默力量的人，能够以更坦率、更诚恳的态度对待他人。

丘吉尔在谈到自己的夫人时说："我觉得一生中最为辉煌的成就，是我说服我的妻子嫁给我。"

在一次宴会上，丘吉尔先生和他的夫人面对面坐着。丘吉尔先生的一只手在桌子上来回移动，两个手指头向着他的夫人的方向弯曲。

旁人对此十分好奇，就问丘吉尔夫人："你丈夫为什么这样若有所思地看着您？他弯曲着手指，来回移动又是什么意思呢？"

"那很简单，"丘吉尔夫人回答，"离家前我们发生了小小的争吵，现在他正在承认那是他的过错，那两个弯曲的

手指表示他正跪着双膝向我道歉呢！"

在每个人的家庭生活中，出差错是常有之事，可以说没有任何人能够免除。此时，互相埋怨是毫无作用的，只能用幽默的力量去妥善处理种种不愉快。

在分享幽默力量所带来的欢乐时，不能只是坐视别人，等待欢乐的到来，而应当积极地参与幽默，这样，你就能获得他人的理解与信任。

中国传统婚姻观念提倡夫妻相敬如宾、客客气气。仔细想来，这只是婚姻生活的一个方面，如果真把它当成家庭生活的全部，那么，这样的生活就味同嚼蜡，毫无生气。

一天，小周实在忍受不了妻子的一本正经、不苟言笑，于是，逃出了家门，打算到外面旅馆住几天。他来到一家旅馆，老板热情地接待了他，并且亲自把他引到房门前面。

老板说："先生，您住在这里会发现跟到了家一样。"

小周痛苦地说："天哪！你赶快给我换个房间吧！"

对于一个家庭而言，幽默是不容忽视的。如果说爱能够使家庭生活变得温馨，那么，幽默就能够使我们的生活变得充满欢乐。一个家庭如果失去了幽默，就会像故事中所说的那样，连一家旅馆都不如，相信这也是当今有些男人不愿回家的原因之一吧。

在一个家庭中，妻子往往承担着很重要的角色，她决定了整个家庭的氛围。因此，如果妻子品味庸俗、总是怨声载道，那么，整个家庭氛围就会变得沉闷窒息。相反，如果妻子品味高雅，懂得幽默，那么，整个家庭氛围就会充满欢乐。

第七章 家庭是欢乐的海洋,幽默必不可少

在许多家庭中,婆媳矛盾似乎是一个很难化解的家庭问题。其实,有些小矛盾,只需一两句幽默的话语,就能轻松调解。

一次,儿媳跟婆婆因为一件小事情闹矛盾,儿媳不小心地说了句:"老不死的!"当说完这句话后,儿媳也很后悔,但是,说出的话却收不回来,她只能静等婆婆的反击。出乎意料的是,婆婆竟然回答道:"谢谢!谢谢!"婆婆的话让儿媳摸不着头脑。婆婆接着对她说:"你说我老不死,不就是祝愿我更加健康长寿嘛!"儿媳做梦也没有想到婆婆竟会说出这样宽容的话,这让她非常羞愧,乖乖地低下头,对婆婆说:"妈,对不起,我不该那么说您,请您原谅我吧!"一场即将上演的婆媳之战就这样被老人胸怀大度地用一个幽默化解了。

幽默的语言往往能收到平常的语言所没有的奇效,因此,当家庭出现小矛盾,只要稍微在言语上幽默一下,便能迎刃而解。

对于有孩子的家庭,生活中的乐趣总是更多一些。孩子的天真纯洁使得他们很小就具有用幽默沟通的能力,无论遇到任何难题,他们都能轻松地面对自己。

小谷刚进一家新公司,便在工作中出现了失误,他很担心被解雇,没想到最后却平安无事,得以续约,全家为此庆贺了一番。

一天,儿子拿着期末成绩单喊叫着进了家门:"爸爸,这是我的成绩单。"

小谷忙问:"儿子,成绩如何?是不是都及格了?"

儿子顽皮地说:"和您一样,爸爸,老师说我要再重读

一年。"

机灵顽皮的儿子虽然被留级,但是,他却用幽默将自己的不及格与爸爸的续约混为一谈,不仅逃避了爸爸的批评,更是让爸爸哭笑不得。可见,有时孩子的幽默细胞,令我们大人都自叹不如。

一直以来,"合家欢乐"是多少家庭梦寐以求的愿望,然而,要想真正实现这一愿望,就需要全家人一起努力培养自己的幽默细胞,如此一来,才能欢乐多多,幸福常在!

2. 用幽默代替大道理

家庭不是讲理的地方,夫妻之间不需要太多严肃认真、正儿八经的是非理论,却常常不可少了嘻嘻哈哈、"胡说八道"的歪理幽默。在许多幸福的家庭中,妻子或丈夫恰恰是凭满腹歪理、满口胡言赢得了对方的欢心。而终日正襟危坐,不苟言笑得近乎冷漠的人则很难赢得爱人的欢悦。当然,这并不说夫妻之间就纯粹是善恶不辨,美丑不分的,而是说家庭之中、夫妻之间更讲感情。在适当的时候讲出一些歪理,家庭生活就会变得幽默无限,趣味盎然,生机无限。下面是一个使用了歪理幽默的故事:

> 从来没有喝过酒的妻子从丈夫的杯子里抿了一小口白酒,皱着眉头说:"酒可真难喝!"丈夫笑了笑说:"可不是吗,可你还整天唠唠叨叨,说我喝酒享乐呢!"

第七章 家庭是欢乐的海洋，幽默必不可少

酒对于妻子来说很难喝，而对丈夫来说则可能是一种享受。丈夫利用妻子说酒很难喝这一点讲出了一通为自己辩解的歪理。还有一个故事：

> 丈夫在看晚报，当他读完一篇《女人的寿命比男人长》的文章后，便问妻子："我真不知道为什么男人要先走一步？"妻子解释道："总得有人留下来收拾衣服吧！"

通过上面两则例子，我们可以看出，在家庭生活的每时每刻，只要你顺着对方的言谈举止用貌似合理实则荒谬的道理轻轻一推，歪理便出来了，幽默也就产生了。

我们认为家是讲幽默的地方，因为家庭和幽默在本质上有许多共同相通的地方。家庭是男人和女人靠爱情建立起来，又靠爱情来维系的栖息地。夫妻间的是是非非、恩恩怨怨不是某种道理可以讲得清的，夫妻之间的一些行为也就不能简单地以"是非对错"做判断；而幽默也往往是靠歪理来产生。在这一点上家庭和幽默恰恰有共通之处。下面引一则家庭幽默来说明这一点：

> 妻子：你经常说梦话，去医院检查吧。
> 丈夫：不用了吧！要是治好了这病，我就没一点说话的机会了！

还有一则：

> 有一外国人娶了位中国太太。一天，这位外国先生有意问太太："中国字的'太太'怎么写？"太太告诉外国老公，是在"大"字上加一点。老公便故意在"大"的右上角加上一点，所以"太太"就变成"犬犬"了！搞得太太哭笑不得。

与口才

夫妻之间运用这种歪理幽默，不但可以活跃气氛，愉悦性情，而且还能表现一种夫妻之爱，使得家庭生活妙趣横生。这样一来，就不会有"相爱简单，相处太难"的感叹了，对普通人是这样，对大哲学家苏格拉底来说也一样：

> 苏格拉底婚前并不知道他的新婚妻子脾气很坏。结婚之后，他才意识到自己娶了一位"恶妻"。虽然苏格拉底认为自己的婚姻不是很美满，但他还是常常鼓励别人结婚。
> 苏格拉底这样说："如果你娶到一位好脾气的太太，你会终生幸福；但如果你娶到一个坏脾气的太太，则恭喜你，你就可以成为'哲学家'了！"

苏格拉底运用带着很浓的自嘲意味的歪理幽默，表达他对"娶了一个坏脾气的老婆"这个既成事实的无奈，又表达了对妻子的豁达谅解。歪理幽默还能用来安慰亲人。

> 有一天丈夫对妻子说："真糟糕，我的胡子越来越白了，头发却还是黑的，你说这是怎么回事？这么难看，别人一定认为我的头发是染的。"
> 妻子说："胡子先白了还不是怪你自己，谁让你这嘴巴用得最多，而脑袋用得最少呢！"丈夫一句一本正经的话却让妻子找到了进行幽默的灵感。妻子的安慰话，让人忍俊不禁。

幽默与逻辑格格不入，就像家庭与道理格格不入一样。家与幽默的这种相通之处提醒我们，让幽默长驻家庭，用幽默冲淡家

庭中不时出现的理性喧嚣,用幽默去化解夫妻之间的各种矛盾,对于建立幸福的家庭将大有好处。

3. 借助幽默表达你的爱意

常常有人问:"'爱的喜剧'是什么意思?"赫伯这样回答:"如果我们花许多时间、劳力、金钱,来使我们能去爱别人,那就是喜剧;如果我们只花很少力气去使我们显得可爱,那就是悲剧。"心理学家弗洛姆写过,人想的多半是被爱,较少想到自己爱的能力。

如果你是一个女人,作为人妻、为人母,你有时会抱怨说你已经受够了:永远做不完的家事,一堆吵吵闹闹的小毛头,电视机老是转到棒球赛的频道。你可以抱怨,可是抱怨一点用处也不会有;而如果你用对亲人的爱来接受它们,这便就是上演了爱的喜剧。

一天,丈夫外出,穿了件崭新的白上衣,没料到遇上倾盆大雨,把全身淋透,不但成了个落汤鸡,上衣还粘上了很多污泥。

到了家门,看门的狗狂吠不止,并扑向他身上。丈夫很生气,正想拿起一根木棒打它时,妻子出来说:"算了吧,别打它。"

丈夫生气地说:"这条狗真可恶!连我也认不出来了。"

与口才

妻子说:"亲爱的,你也要设身处地为它想想,假如这条白狗跑出去变成一条黑狗回来,你能认得出来吗?"

妻子把丈夫比作了狗,但这并不是嘲讽他,而是夫妻间一种亲昵的举动,妻子用这个小小的幽默来表达对丈夫被雨淋了的关心。丈夫当然不会怪她,反而会被这种幽默逗笑,在妻子深情的关怀面前,丈夫被雨淋成落汤鸡的不快也会化为乌有。

有时候,周围的亲人难免做错事情,比如衣服熨焦了,饭菜烧煳了。这时候,他们自己已经够自责的了,如果我们再责备他们,他们一定会很难过。这时候他们需要的不是唠叨和责备,而是谅解、安慰和关怀。

一对夫妻结婚18年了,妻子为丈夫煮了18年的饭。最近妻子煮了生平最难下咽的晚餐:菜烂了,肉焦了,凉拌菜没有一点咸味。丈夫默默地坐在饭桌旁嚼着,一言不发,她心里很自责。而当她正要收拾碗碟时,丈夫却突然把她一抱,吻个不停。

"这是怎么一回事?"她问。

"哈!"他答,"今晚这顿饭跟你做新娘子那天煮得一模一样,所以我要把你当新娘子看待。"

啊!亏他想得出来!丈夫这一番幽默所表达的爱和关怀胜过任何没头没脑的责备。幽默,让妻子品味出浓浓的爱意,感受到无比的幸福。

现在,随着生活节奏的加快和人们时间观念的加强,有些夫妻,两个人工作都很忙,在一起的时间少了,如果两人之间不加强交流,久而久之就会出现一些不必要的问题。这时不妨准备一本家庭留言簿,把对对方的爱和关心用幽默的方式表达出来。

第七章 家庭是欢乐的海洋，幽默必不可少

有一个一大早要出门上班的丈夫给妻子这样留言：

"天气预报，可能是虚假广告。
天亮时有雷声，估计天公会开动生产雨水的流水线……
我把咱们家的小天空折叠，放在了你的包里。"

试想，当妻子撑着折叠伞走在雨中的时候，是否会感到头顶美丽的小天空就是爱的延伸、家庭的活动屋檐？

亲情需要诠释，关怀需要表达。借助幽默我们能让自己所爱的人在会心一笑中感受到浓浓的爱意和温暖的幸福。

4. 培养另一半的幽默感

仔细观察你便会发现，缺乏幽默感的妻子常是一些品味不高雅的、爱唠叨的女人，她们说话有口无心，沉醉于自我宣泄之中，全然不顾自己说了些什么，说得是否巧妙，是否正确，也不顾别人有什么反映等。

要改变她们这种说话习惯，除了增加她们的文化修养外，还要给她们灌输一些幽默感和幽默技巧，帮助她们形成说话的幽默性是最便捷而有效的方法。如何给唠叨的妻子灌输幽默感呢？丈夫要首先学会并积极使用幽默，用幽默的家庭氛围去感化她，熏陶她。

一个姓孙的男人不幸有一个爱唠叨的妻子。一天，孙某因为下班后帮助朋友办了件事而晚回家一个小时，一进门便

与口才

撞上了老婆无休止的唠叨：这年头男人都喜欢不回家，眼巴巴想在街上等一个三陪小姐拉着下馆子、钻旅馆，多少家庭就这样离的离，散的散；老公你可不能对我昧了良心，我可是死心塌地地跟你，真心爱你的。我一日三餐为了啥，还不是为讨你欢心吗……，劳累了一天的孙某一听就烦了，但他没有正面解释，而是诡秘一笑，说："还真让你说着了，还真有这么一个人拉我上他家一趟。"妻子一听就愣住了，忙走过来狠狠地问："是谁？"孙某哈哈大笑："就是那个小张，他让我帮他搬家具。亲爱的，我真为你自豪啊！因为你看你都快成联合国秘书长了，操心那么多大事。"

孙某的幽默肯定会刺激妻子的神经，从而引起她的警醒和对自己的反思。培养唠叨女人的幽默感，需要一个过程，家里可以买一些幽默的书报杂志，随时翻阅，让妻子明白使用这些幽默可以产生怎样的表达效果，而自己又应该如何说话。可以陪妻子一起欣赏幽默小品，指出别人的行为幽默在什么地方，又好在什么地方。平时说话要尽可能幽默一些，如能引导妻子学会幽默地唠叨，那就再好不过了。

家庭的温情主要是在语言交流中获得的，而有些时候，妻子在家里默默地守候，等来的却是丈夫的一言不发。他严肃古板的神情、郁郁寡欢的神态，让妻子一看就大失所望。

丈夫不愿说话的原因多种多样，如果不是性格孤僻，则很可能就是遇到了什么不顺心的事，如心理上压力大，或是妻子的某些言行伤了他的心。这些不同的原因对于与丈夫朝夕相处的妻子而言，是很容易识别的。

一个男人因欠对面街上一位吝啬鬼的钱并限期第二天归

第七章 家庭是欢乐的海洋，幽默必不可少

还而发愁，晚上翻来覆去睡不着。他的妻子知道缘由之后，下床来到窗前，冲着对面吝啬鬼的房子喊："对面屋里的人听着，我丈夫决定明天不还你的钱了。"她回过头来对丈夫说："现在好了，你安心睡吧，该对面那位睡不着觉了。"

这则幽默体现了妻子为丈夫排忧解难的机智和她对丈夫的关爱。家庭生活中，在丈夫遇到难题，心情沉重的时候，要想让丈夫开口说话，就不能靠挖苦抱怨，恶言相激，迫其开口，而是要幽默相诱，温情劝导，打开他的话匣子，让他自己走出自我封闭的状态。有这样一则幽默故事：

> 小红和丈夫小张都是教师，但他们俩人的学校相隔数十里，一周才相聚一次。有一个周末，小红兴奋地迎接丈夫进屋之后，才发现他两眉紧锁，愁容满面。小红诧异之余，并没有收敛自己的笑容，她平静地给丈夫倒了一杯水，递到丈夫手上，说："本周我有一喜事告诉你，你先猜一猜？"丈夫闷闷地说："你尽是喜事，我可没心思与你同喜，我的世界却尽是些伤心事，我给学生订购了一份复习资料，他们硬说我捞回扣，非法牟利，我成了领导们反腐倡廉的靶子、牺牲品、替罪羊。"小红也意识到事情的严重性，但她还是劝慰丈夫说："你不要太有压力，事实总是事实，法律只相信事实，咱们暂且高高兴兴地过了这个周日，下一周精精神神、轻轻松松地跟他们评理去。"

小红真是一位贤惠的妻子，当丈夫遇到难题时，她故意说自己有喜事跟他说，以此勾出丈夫的心里话，当丈夫和盘托出自己所遇的麻烦时，她又好言安慰，为丈夫解除心理负担。

与口才

幽默相诱的方法本身就包含着妻子与丈夫之间的温情和爱。培养对方的幽默感并不说我们讨厌他（她），而是要通过提高对方的素质和幽默感来达到一种有效的沟通，为家庭的幸福做铺垫。

5. 让孩子成为幽默的主角

幽默感是孩子应具备的气质。有研究表明：

1岁左右的孩子已对他人的脸部表情十分敏感。

2岁时的孩子已能从身体或物品的不和谐中发现幽默。

3岁幼儿的智力已发展到能认识概念不和谐中潜藏的幽默感。

4岁左右的幼儿特别喜欢"做家家"或扮演卡通人物。

待孩子长到5~6岁时，可能开始对语言中的幽默成分十分敏感。

7岁的孩子大多已上学。他们往往喜欢讲笑话、听笑话。

8岁以后的孩子已初具幽默感。

一个称职的家长要做的是，了解你的孩子，不要轻视孩子所做的那些能让你开怀大笑的"傻事"，应该鼓励孩子的幽默。对他们的幽默感作出肯定的表示。家长应注意倾听孩子回家后讲述的有关学校生活的小笑话，并发出会心的笑。如果孩子有足够的幽默感，大人还可引导他们编幽默故事，甚至添加一个令人捧腹的结局。在家庭里，我们不妨让小孩子成为幽默的主角。

有时候，小孩子也会耍弄诡计：

第七章 家庭是欢乐的海洋，幽默必不可少

一个小男孩回到家里，一手拿着一个冰激凌，母亲问他："你把钱都花光了吗？"

"什么钱也没花。"男孩回答说。

"有人送给你的？"母亲问。

小男孩摇摇头。

"不会是你偷来的吧？"

"不是。"

"那么你手上的冰激凌是怎么来的呢？"

"我告诉售货员小姐说，我这左手要个巧克力的，右手要水果的。然后我说她可以自己伸手到我口袋里拿钱；但是请当心，别碰到我心爱的小蛇。"

儿子的幽默会让母亲大笑一番，可是家长对类似上面故事中孩子的行为也要适当地加以引导和教育。有时候，面对孩子的诙谐潇洒，你几乎无法拒绝。

父亲对女儿说："你不是答应我不瞎闹吗？我跟你讲好的，瞎闹的话就要挨打。"

"是啊！"女儿表示同意，"我没有遵守自己的诺言，所以，如果你不遵守自己的诺言，我也不会怪你。"

从孩子认为父母无所不知、无所不能，到他能以幽默的方式与父母交流，是一个可喜的变化，这说明他们成长了。这时，幽默语言，就成了父母和子女之间一种新的共同语言。

与口才

有一位父亲把当年结婚照片的相簿拿给小女儿看。

小女孩看着照片,先是颇感不解,继而突然眼睛一亮。"我明白了!"她说,"就是这个时候你把妈咪带回家来,帮我们做家事的。"

当小女孩的父亲回忆起以前的美好往事,女孩以幽默的言语和父亲一起开心。

有时候,年轻人以幽默力量来看他们父母的角色。

女儿借用家里的轿车出去约会。后来男朋友问她:"你父亲对我们闯的小车祸说了些什么?"

"你要我把坏的字眼略掉吗?"

"是的。"

"好,他什么话也没说。"

孩子是爱情的结晶,是家庭中最具活力的成员,孩子有纯真的心灵,孩子本身就能给父母带来无尽的欢乐。我们应该让孩子成为家庭幽默的主角,使孩子养成乐观开朗的性格和与人为善的品质。

6. 幽默是打破僵局的最佳方式

幽默是打破夫妻之间僵局的最佳方式。如果你说:"你看世界上的冷战都结束了,我们家的冷战是不是也可以松动一

第七章　家庭是欢乐的海洋，幽默必不可少

下？""瞧你的脸拉那么长干什么！天有阴晴，月有圆缺，半月过去了，月儿也该圆了吧！女人不是月亮吗？"对方听了大多都会"多云转晴"的。

总之，只要一方能针对矛盾的具体情况，采取相应的沟通方式，巧用言语，就可以尽快打破僵局，让家庭生活恢复往日的欢乐与和谐。幽默是家庭生活的润滑剂，它能给家庭带来阳光和春风。

幽默是讲究环境和条件的，如果在具有幽默诱发作用的环境中，具备了成熟的条件，即使文化修养较低的人，也会自然而然地幽默起来。家庭是一个很好诱发幽默的环境，因为家庭中充满了善意和爱，当然，有时候家庭中成员之间，尤其是夫妻之间，也会发生矛盾。当夫妻之间发生矛盾时，我们也可以用幽默来消除紧张，缓和矛盾。

> 两口子吵架，妻子闹着要同丈夫离婚。他们去县法院的路上，要经过一条不深但很宽的小河。
>
> 到了河边，丈夫很快脱掉鞋子走入水中。妻子站在岸边，瞧着冰冷的河水，正愁着怎么过去。丈夫回过头温和地说："我背你过去吧。"
>
> 丈夫背着妻子过了河。他们没走多远，妻子说："算了，咱们回去吧！"
>
> 丈夫诧异地问："为什么？"
>
> 妻子不好意思地低着头说："离婚回来的时候，谁背我过河呢？"

幽默和温和的言语一样，在夫妻之间发生矛盾的时候，幽默

所表达的是一种委婉的妥协,既不损及自己的颜面,又能同爱人友好地和解。夫妻之间,貌似嘲笑的关怀幽默总是能够迅速地弥补双方的个性差异与感情裂痕,拉近双方的心理距离。下面就是一个这样的故事:

丈夫看见失业的妻子一点儿也不着急找新工作,于是对她说:"你怎么一点儿都不懂得废物利用?"

妻子回答说:"因为很懂得,所以才嫁给了你。"

丈夫本想教训妻子一顿,却被妻子幽默地驳回,丈夫自然会反思自己没有能耐,还要妻子跑出去赚钱的不对。记住,在婚姻和家庭生活中某些特殊的时刻,对方折损人的话语可能会造成不可磨灭的伤痕,在这种时候,我们要像上面故事中的妻子一样,尽量运用幽默去妥当地进行化解。

夫妻俩吵得很凶,老婆气得直说:"我真后悔嫁给你,早知如此,我就嫁给魔鬼了!"

"不行,你不能这样做,你难道不懂近亲结婚是法律所不允许的吗?"

面对盛怒的妻子,丈夫幽默地把她比作了魔鬼,从而让妻子在笑声中冷静了下来。

妻子往往喜欢故意刁难丈夫一下,这时丈夫也需要灵机一动的幽默功夫,不然就会陷入窘境。看看下面这个例子:

妻子问丈夫:"如果我和你妈同时落水,你该先救谁?"

这真是一个让人不知如何回答的问题,而聪明的丈夫灵机一动:"当然要先救未来的妈妈!"丈夫一箭双雕,八面玲珑。而到底谁是未来的妈妈,女人都可以。如果你真的有这么一位机灵又好出难题的妻子,那你就得练好临事而顿悟的功夫了。

恩格斯说过,幽默是具有智慧、教养和道德上的优越感的表现。在家庭成员的交流中寓庄于谐地表达一个严肃的内容,甚至用来进行善意的批评,每每使另一方在轻松的感觉中备受启迪。当夫妻间发生矛盾时,双方都应该撇开愤怒,抛弃争吵,试试在那一刻能直达人心灵深处的幽默的力量。

7. 用幽默表达自己的意见

自古以来我们一直这样开妇女的玩笑,形容女人很会花钱,并爱迟到。

"我太太只有一件事会准时到,就是买东西。"

隐瞒年龄。"我太太说她的28岁生日快到了,但是她面对的是相反的方向。"

"谁说女人不会保守秘密。只不过是需要保密的女人更多而已。"

而男人是:粗心大意,不够体贴。"你太沉迷于高尔夫球了。"太太抱怨,"你连我们的结婚纪念日都不记得了。""我当然记得,"丈夫抗议,"就是我挥出35尺一杆进洞的那一天。"漫不经心,不懂欣赏。"五年来,我先生从来没有好好看

过我一眼。"有一位妻子抱怨,"要是将来我有了什么三长两短,我恐怕他也没法去认尸了。"

脾气坏,爱批评。太太开玩笑地对丈夫说:"你需要一个自动闹钟在早上叫醒你。"丈夫不太高兴地说:"不必了,有你这样一个长舌妇在旁边就够了。"

角色的对调可以激发我们以新的方式来发挥幽默力量。生活中,我们对亲人会有各种各样的看法,有时候是好的看法,有时候则是不好的。当我们对亲人有不好的看法时,如果直言不讳,言辞激烈,则难免伤害对方。如果能将话语制成"糖衣炮弹",对有缺点的一方进行善意的揶揄和有节制的讽劝,以幽默的方式送给对方,那么就既达到了批评对方的目的,又增加了趣味的成分,即使对方心甘情愿地改正错误,也不会伤害感情。可以想象,其收效肯定要比直言不讳强。请看下面这位丈夫是怎样巧妙地借机批评他的妻子对母亲不孝顺的。

妻子对丈夫说:"我生了女孩,你妈妈说什么了吗?"
丈夫回答:"没有,她还夸你呢。"
妻子认真地问:"真的,夸我什么?"
丈夫一字一句地说:"夸你有福气,将来用不着担心看儿媳妇的脸色行事了。"

这位丈夫没有直接表达对妻子不孝顺母亲的不满,而是以幽默的方式道出,通过这种温和的批评方式,让妻子从一个母亲的角度来看这件事情,使她在回味之余,更容易接受批评并加以改正。

日常生活中许多生活琐事往往会引发大的干戈,其原因之一

第七章 家庭是欢乐的海洋，幽默必不可少

是双方的话语中都缺少一种幽默的成分。如果在批评亲人的时候能采用幽默的方式，那么你的批评就已经成功一半了。例如：

> 妻子已经有两个礼拜没有打扫房间的卫生了。丈夫对妻子的懒惰和邋遢十分不满，就对妻子说："亲爱的，上星期你工作很忙，没有时间做家务，如果这个星期你仍然忙的话，我还可以替你再做一周的家务。"

这样，就比严厉地指责她的懒惰与疏忽大意来得轻松一些，也更容易被对方接受。男人也许不愿意自己扮演这样的父亲：

怀里抱着啼哭的婴孩在客厅里走来走去，而母亲正在卧室里休息。

这位父亲对着卧室喊道："从来没有人问我，如何使婚姻与事业兼顾的。"

当然，懒惰的不仅仅是妻子。结婚后，家务事变得多了，有的丈夫很懒惰，即使工作不太忙，也不肯帮妻子动动手。对此，妻子可运用幽默刺刺丈夫。

妻子在厨房忙完以后，对久坐不动专等着吃饭的丈夫说："今晚的菜，你可以选择。""是吗？都有些什么菜？"

"炒土豆。"
"还有呢！"
"没有了。"
"那你让我选择什么啊？"
"吃还是不吃？"

与口才

即使丈夫再懒,做妻子的最终还是会原谅他,不过妻子可以用幽默的方法来提醒他。

一对年轻的夫妇,我们姑且称他们为玛丽和约翰。他们订购了一批郁金香球茎,要在秋天种植。玛丽好几次提醒约翰去种球茎,但是他老是拖延下来。最后她自己种了。

他很高兴——直到春天,郁金香长出来了,开满了各色的花,拼出"懒惰的约翰"的字样。

如果妻子把丈夫管得太严,丈夫往往会感到很不自由。

有一位已婚的朋友,计划来一次单身旅行到"千岛"。他太太的反应令他不太高兴。

他当着妻子的面对来家里做客的朋友说:"她没说不准我去。只是她要我在每个岛上待一个星期。"

小气的妻子往往把家里的财物管得很严,丈夫会觉得很不方便,这时候要表达不满可以向下面这位先生学习:

儿子问父亲:"爸爸,阿尔卑斯山在哪里?"
父亲漫不经心地回答说:"去问你妈!她把什么东西都藏起来了。"

当你以幽默的言语与亲人交流时,你可以制造机会并获得你想要的东西。幽默的言语有助于增进家人感情。

第七章　家庭是欢乐的海洋，幽默必不可少

有一位先生回家时，装作气喘如牛的样子，却又得意洋洋地对妻子说："我一路跟在公共汽车后面跑回来，"他喘着气说，"这一来我省了一元钱。"

他妻子笑着说："你何不跟在计程车后面跑，可以省下5元钱！"

上面这个幽默故事中，丈夫所说的明显是假的，他要表达的是妻子对他的钱管得太紧了，他不得不省钱跑回家。妻子理解丈夫的意思，在莞尔一笑的同时，以幽默的话回避了丈夫的话题。

幽默是一种灵活的表达方式，他可以明确而又温和地表达出我们对亲人的看法。让亲人平和地了解到我们的想法，重新审视他们自身，改正他们的错误，弥补他们的不足。

8. 幽默的夫妻欢乐多

两个人走到一起，相爱并结为夫妻，只是万里长征刚刚走完了一小段。幸福的婚姻更加需要两个人精心呵护，每对夫妻都应当使幽默趣味在自己创造的形式里流动，让家庭的土壤开出趣味之花。我们来看下面这对夫妻的幽默：

下面是一个丈夫留给中午晚回家的妻子的话：

①买来一桶"鲜橙C"，多喝多C多漂亮；
②菜篮子已空。

丈夫告诉她已经买好了鲜橙汁，要她记得喝，同时提醒她去买菜。下面是妻子怕晚上下班回来迟，特地留给丈夫的，她还故意写错了。

① "鲜橙C"已经放进肚子里；
② 菜篮子我也"戴"走了。

妻子故意把"带"写成"戴"，这样一错，比丈夫的话更具幽默感，真是戏法人人会变，巧妙却各有不同。

在家庭里，女人往往是表面上的统治者，她们没有在事实上统治家庭。她们在表面所作的文章，也只是用来满足她们的统治欲和虚荣心。这时候，丈夫一定要理解妻子，幽默地配合妻子，这也是对妻子的一种宠爱。

做一对幽默的夫妻，家庭就能禁得起狂风暴雨的袭击。充满幽默气氛的家庭里，家庭成员之间一般不会出现关系紧张的情况。

一对夫妻结婚多年，从未发生过冲突。

有一天，妻子问丈夫："你为什么总对我这么好？"

丈夫答道："和你结婚之前，我请教过一位牧师，问为什么他对妻子那样好，他说：'不要批评你妻子的缺点或怪她做错事。要知道，就是因为她有缺点，有时会做错事，才没有找到更理想的丈夫。'我牢记住了这句话。"

很多时候，女人即使不能统治家庭，她也特别关注自己在丈夫心目中的地位，不时地用各种语言来进行"你爱我吗"的试探，面对这种试探，男人可以机智而幽默地进行回答。

第七章　家庭是欢乐的海洋，幽默必不可少

妻子："我和你结婚，你猜有几个男人在失望呢？"
丈夫："大概只有我一个人罢？"

妻子本来的意思是对丈夫说：你娶到我是你的福气，有好多人都因为没有得到我而失望呢。丈夫却故意幽默地反对妻子的意思，让妻子在一笑中明白丈夫对她的爱。与年轻夫妻不同，老夫老妻之间的幽默更加老道，更加含有韵味。台湾有一则名为"分吃橘子"的幽默：

老张夫妇与老王夫妇一块儿吃饭。饭后，张太太剥了一个橘子，果肉有些干了，汁水少，便对老张说："这个橘子，干干的，你帮我吃一半！"张先生很不高兴地说："不好吃的才给我吃呀！"不一会儿，王太太也觉得橘子不太新鲜，如同在嚼一团棉花，便拿了一半给老王："这个橘子太干，我替你吃了一半，剩下一半你自己吃吧！"老张听后对张太太说："你看，人家王太太多体贴，哪像你？"

这个幽默十分准确地勾画出夫妻间在分吃不可口的食品时的心理状态，反映出夫妻间既亲密又戏谑的特殊感情。
试着做一对幽默夫妻，家庭里就会少一些不愉快，家庭生活将会变得富有乐趣。

与口才

9. 让幽默为夫妻生活增添活力

台湾著名作家戴志晨先生说:"婚姻是人世间'老化'最快的一种关系。结婚后,新郎、新娘都在一夕之间,变成老公、老婆。"而实际上,老化了的不是婚姻本身,也不是新郎新娘自身,而是他们之间的爱情。

针对爱情的老化问题,戴志晨先生开的处方是"幽默",他说:"懂得夫妻幽默之道的人,可以防止婚姻老化,使双方永远做英俊、漂亮的新郎和新娘。"

性是夫妻关系建立的一个前提条件。无论是做妻子的,还是当丈夫的,都不会忘掉新婚之夜那愉快的一刻。而随着工作压力的增加,有些人可能对性生活表现得力不从心。而对夫妻来说谈性是公开的,彼此之间不需要拐弯抹角,这是现代人普遍认同的观点,而"素"中带"荤"的幽默术,能为你的夫妻生活增添活力。

一位公车司机工作十分勤奋,每天都早出晚归。一日,当他满身疲惫地回家时,发现妻子留下了一张纸条:

每天那么晚才回来,真受不了!食品和啤酒放在冰箱里,我的身体和爱情在被窝里。

——你的妻子

此故事中,妻子把食品、啤酒、身体和爱情并列在一起,幽

第七章 家庭是欢乐的海洋，幽默必不可少

默地暗示丈夫吃食品和啤酒，不要忘记了妻子需要丈夫的爱。此时，那位丈夫能不感受到家的温馨吗？能不感受到妻子那深深的爱吗？当你觉得爱情生活变得日益平静的时候，你可以用幽默来打破这种死气沉沉的平静。

丈夫："你出去时，可别带那只怪模怪样的花狗去。"
妻子："我觉得那条花狗很可爱。"
丈夫："你一定要带它，是想以它作对比，显示出你的美貌吧？"
妻子："你真糊涂，如果想那样，我还不如带你出去更好！"

有的夫妻很懂得怎样保护自己的幸福，保持爱情的活力。他们以幽默来代替粗鲁无礼的语言，解决日常生活中的分歧。虽然他们也相互挑剔，也会产生纷争，但是经过由幽默产生的情感冲击后，一切纷争都显得微不足道了，经历了冲击后的爱情生活反而显得更加活跃。

有对夫妻是大学里的同学，结婚后经常吵架。两个人都感到忍无可忍了，在一次争吵的高潮中，女的说："天哪，这哪像个家！我再也不能在这样的家里待下去了！"说完，她就拎起自己放衣服的皮箱，夺门冲了出去。

她刚出门，男的也叫起来："等等我，咱们一起走！天哪，这样的家有谁能待下去呢！"男的也拎上自己的皮箱，赶上妻子，并把她手中的皮箱接过来。

应当试着以幽默去保护自己的家庭。如果没有根本性的、重大的分歧，幽默将使家庭生活始终处于最佳状态。家庭生活中极需要这种幽默，应该相信这一点，无论什么情况下，一对善于以幽默来润滑生活轮子的夫妇，他们获得的幸福比任何家庭都多。幽默就是这么高超的艺术。请看这位妻子是如何运用幽默让丈夫去做家务的：

妻子："亲爱的，你能把昨天晚上换下来的衣服洗一下吗？"

丈夫："不，我还没睡醒呢！"

妻子："我只不过是考验你一下，其实衣服都已经洗好了。"

丈夫："我也只是和你开玩笑，其实我很愿意帮你洗衣服的。"

妻子："我也是在和你开玩笑，既然你愿意，那就请你快去干吧！"

丈夫此时不得不佩服和欣赏妻子的幽默和情趣，高兴地去干不愿干的家务。在家庭中，不仅需要有温柔的感触，也需要有不断激荡的热情和活力。这种热情和活力可以表现出爱情的灵动、有趣，它能使爱情富有朝气。

罗钦斯基夫人在她写的《生命的乐章》一书中，提到这一段故事：

罗家第一个孩子刚出生不久，一天她坐在楼上卧室里。忽然一阵阵饱满而雄浑的音乐自楼下升起。这很平常，因为

第七章　家庭是欢乐的海洋，幽默必不可少

她的丈夫是纽约爱乐交响乐团的指挥。

她问他："你从哪儿找来这样好听的新唱片？"

罗钦斯基先生哄她下楼，她看到一屋子神采飞扬的音乐家正演奏《齐格飞》——李察华格纳为庆祝他的长子诞生而作的曲子。

幽默可以给平淡的生活增添乐趣和笑声，从而激发和唤醒夫妻双方的爱情。有时候幽默的力量使用得十分温和，我们可能会觉察不到它。但是它的确使爱人的心情充满愉快，这无疑有助于爱情情感的升华。

与口才

第八章　口才有禁忌，把握幽默的分寸

做一个幽默的人固然很好，但在使用幽默时，要注意避免进入各种各样的误区。幽默虽然能够促进人际关系的和谐，但倘若运用不当，也会适得其反，破坏人际关系的平衡，激化潜在矛盾，造成冲突。因此，正确掌握幽默的使用方法和技巧变得尤为重要。

第八章 口才有禁忌，把握幽默的分寸

1. 运用幽默要注意时机和场合

言语交际的失败大多与滥用幽默有关。滥用幽默不光使自己陷入尴尬和困境，而且导致别人轻视你，使你丧失人格价值。在众人的目光中，喋喋不休者仿佛如小丑一样可笑，故作幽默者更胜过小丑。因而我们运用幽默时，千万要注意时机和场合。

英格兰人常说：尽管幽默力量很重要，但它并不是生活的全部。当时机恰当的时候，你就去用它。

西方4月1日的愚人节，是捉弄人的节日，这一天，如果一个足不出户的小伙子突然接到姑娘约会的电话；一个姑娘突然接到不是父母的父母来信；一个人到澡堂洗澡，衣服不翼而飞；一个学生去上课，教室里却空无一人。谁都想在这无所顾忌的节日里高高兴兴地捉弄别人，而被捉弄的人发觉上当后也为实实在在地被人捉弄而高兴。

愚人节，一个人在街上散步，突然背后传来吆喝："请让开，便桶来了！"他急忙闪开，一辆自行车匆匆而过，上面是一个小伙子带着个漂亮姑娘。

如果上述事情不是发生在愚人节，而是发生在其他的时候，可能不但收不到幽默的效果，还会使他们觉得无聊，甚至引起他人的反感。可见，幽默不是随时都可以抛洒的，随着文明的进步，生活经验的积累，人们越来越清楚地认识到：幽默要讲究时机、幽默，也要讲究场合。

与口才

如果你仅仅把讲究时机作为幽默语言的准则，那就太狭隘了，因为要想成功地使用幽默，在讲究时机的同时还应当注意大环境。毫无疑问，讲究场合，才能把幽默运用得更加恰如其分。

在发生重大事件的严肃场合，或者在葬礼上，不合时宜的幽默话语会引起别人的误解甚至怨恨。比如朋友正为失去亲人而伤心，你对在灵前落泪的朋友说："去世的那位先生一定是个个性强硬的人，你看，他现在从头到脚都是僵硬的。"这番幽默几乎可以肯定会受到痛斥。

在庄重的社交活动中，任何戏谑的话语都可能招来非议，在庄重场合，如果你幽默起来没边没际，太过夸张，为追求效果而手舞足蹈、脱离自己的平常个性，也会让人反感，人家会觉得你虚伪浮躁，不够稳重。这会严重影响你的个人形象。

2. 把握分寸，适度幽默

培养起一定的幽默感并不是很难，但是要做到能够恰当地把握好幽默的尺度，并不是一件容易的事情。过分的幽默往往会使人产生古怪的感觉，尤其面对刚开始交往的人，你滔滔不绝，笑话连篇，表现出很风趣、很有才华的样子，只会让人反感，使人觉得你过于油嘴滑舌、轻飘虚伪，喜好卖弄自己。

凡事均要讲适度，幽默亦如此。在生活中，适时适地运用幽默，才能使相互之间的关系更加和谐、亲密。这在那些旨在纠正他人的幽默技巧中表现得更为明显。这里就幽默的使用提出三个忠告。

首先是幽默勿以讥刺他人为乐事。

第八章 口才有禁忌，把握幽默的分寸

苛刻的幽默很容易陷入残忍，使他人受到伤害、陷于焦虑之中。通常，讥讽、攻击、责怪他人的幽默，也能引人发笑，但是它却常常造成意想不到的后果，使本应欢乐的场面变得十分难堪。

一位中学教师到某地出差时，拎了一兜香蕉去看望一个多年未见、新近升为副处长的老同学。老同学心宽体胖，雍容富态，开门见同窗好友，一边让进屋，一边指着他手中的提兜戏谑道："你何时落魄到走门子了？本处长清正廉明，拒绝歪风邪气腐蚀贿赂。"一句讥讽的调侃，使教师自尊心受了伤，他顿生反感，扭头就走了。

显而易见，幽默既不等同于一般的嘲笑、讥讽，也不是为笑而笑，轻佻造作地贫嘴耍滑。幽默是修养的体现，它与中伤截然不同。幽默笑谈是美德，恶语中伤是丑行。真正好的幽默是真情实感的自然流露，是严肃和趣味间的平衡，它以一种古怪的方式激发出来，却经常表现出心灵的慷慨仁慈。

带有嘲讽意味的幽默极易冒攻击他人的危险，而有所斩获的机会又很小。

由于讥讽幽默的严重负效应，我们在使用幽默对别人进行批评时就要进行严格的推敲，以免使接受者产生被嘲笑、被捉弄的感觉。

第二个忠告是恶作剧有时可以产生幽默效果，但使用时要注意分寸。

恶作剧在乍见之下，似乎并不是什么犯罪的事，但只要分析其潜在意识，就可以发现其中包含着憎恶及攻击性的心理，有时回想自己所做过的恶作剧难免冷汗直流。例如：

与口才

有一次，一个男的在某位女同事的抽屉内悄悄地放进避孕器具。或许他只是想开开玩笑，但深刻剖析他的潜意识，他的行为却诠释出所谓的"强奸意欲。"

还有一次，他在公司内一位稍过适婚年龄的小姐所坐的椅背上贴了一张小学生常用的贴纸，上头写了这么一行字："有空间。"这个恶作剧确实是太过分了。他并没有想到对方的心理上可能受到多大的伤害，而且以潜意识心理学的观点来看，他本人内心潜在的强烈欲望是"想"进入那"空间"里面。

过火的恶作剧很伤人。所以，恶作剧一定要限于天真无邪的玩笑才行，也只有如此才不会伤害到他人的自尊。善意的恶作剧，幽默情趣很浓，自然能给平淡的生活带来清新的空气，让人开心；但捉弄人的不怀好意的恶作剧，不但令人生厌，而且影响人际关系。

好莱坞有一批专爱捉弄人的演员，开起玩笑来无所顾忌，令人瞠目结舌。时常有人用装有火药的雪茄请朋友抽，吓得对方魂飞魄散，这样的恶作剧虽然能让他们在紧张繁乱的工作中解脱出来，放肆地大笑一场，却使被戏弄的对象十分不快。

笑有愉悦功能，也有惩罚功能。嘲讽的笑是典型的惩罚的笑，而恶作剧的笑正是惩罚的笑的一种形态。用弗洛伊德的话来说，恶作剧就是平时压抑的情感与欲望得到了发泄。

第三个忠告是幽默可能会产生良好的效果，但前提是要把握好幽默的投施量。

一句幽默的妙语可以为沟通带来契机和轻松的气氛，但是川流不息的妙语、笑语、警句、讽喻，却只能阻塞沟通。因为"幽

默轰炸"通常都会导致思维紧张，使人不知如何是好。试问有谁能不间断地承受强烈的幽默呢？

幽默其实是一柄双刃剑，在我们运用时机、地点乃至言辞不当时，都可能伤害别人的自尊与情感。如果幽默不能为人酿出欢娱，却强加给人怨愤、痛苦，这是令人遗憾惋惜的事情。我们应该学会怎样避开幽默的禁区。

幽默的社会心理价值并不意味着它的普遍随意性，幽默的文化功用也不说明它具备了万能的效应。这是一朵带刺的玫瑰，是一片风光旖旎的雷区，任何轻率、莽撞的行为都将饱尝苦果，使潇洒轻松走向它的反面。

3. 不同的幽默对象用不同的话题

曾经不止一位幽默理论家这样告诫我们：观察对方的个性、好恶和心情，乃是成功施展幽默的窍门。的确，俗语说："一种米养百样人"，社会每个成员的性格、心理、教养都不尽相同，意趣更为千差万别，假如你对幽默参与者的个性不够了解，那么你苦心经营的幽默必会报废不少。

因此，在社会交际中，要视对象的不同，注意把握分寸，才能收到好的效果。比如一些关于盲人的幽默，对于真正的盲人就不适宜了。在社交生活中，我们应根据具体的环境、对象和氛围，采用适当的形式来表达出恰当的幽默。

在图书馆门口，有一位男士开门让一位女士进来。
"如果你因为我是女的，所以开门让我进来，那就算了

吧！"她说。

"不，夫人，"他回答，"我为您开门，是出于尊重你是个长者。"

所谓顾及听众，当然不是一种姿态，一种态度，而是幽默作为交际的艺术天经地义必须具备的前提条件。

幽默的群体性和共娱性特征是十分明显的。又由于群体是由个人构成的，因此能够娱乐甲的一句话，可能在乙听来是侮辱。如果你忽视了这一点，一味地强调自我的兴致和偏爱，丝毫不放弃个人的思路，那么，你的幽默将黯然无光。有关种族的幽默是最微妙、最难处理的。当你和一群人都是流着共同祖先的血液时，说说种族的幽默可能会减轻每个人心头的负担；但当一群人分别来自不同的种族时，使用涉及种族的幽默则会有很大的危险性。

注意对象，了解对象，才容易找到合适的幽默话题；适应对方的心理需要，才能真正达到沟通的目的。分而治之，是现代幽默的最为完美的战术。

最后要说的是，一个真正的幽默家首先要有愿意接受他人的信息。当他人幽默地发表意见时，你有义务报以微笑，而不是冷言冷语来泼他一头冷水。因为，幽默并非某一个人的特权，它是整个社会的财富。笑具有传染性，为他人捧场，你的合作态度会得到由衷的感谢，只要气氛活跃了，该你施展幽默时，也会一路绿灯。

第八章 口才有禁忌，把握幽默的分寸

4. 爱情中的幽默要注意分寸

如果我们足够幽默，足够风趣，我们就很可能让恋人陶醉在爱河之中。不过，对初识的情人说来则要慎用幽默，因为，根据爱情心理学，此时女性最迫切需要的是男性的力感，因此，初交女友，幽默要注意把握分寸，只有"力感"的晕轮效应达到一定程度，双方关系足够密切后，再适当地使用幽默来增强美感，才能取得较好的效果。例如：

一对恋人相爱很长时间，感情很深了。有一次，他们一同看话剧，第二幕还未开幕，男孩便一本正经地对女友说："别看了，咱们哪有时间等这么久。"女友感到很疑惑地说："精彩的还在后面，咱们又没有什么急事啊！"男的指着字幕说："你看，那不是说第二幕在一年之后才演？"女友笑得前仰后合，轻轻捶打男孩。

但是，如果男女相识不久，第一次约会看戏的时候，也来这么一个幽默，对方一定以为那个男孩精神不正常，或者认为他太幼稚做作了。再如：

一对情人去买兔皮大衣，女方很喜欢那件黑色兔皮大衣，但担心它不能适应雨雪水，就问男友："它怕雨雪吗？"男的幽默回答："当然不怕，你看过哪个兔子下雨打伞？"一下子就把女方和售货员都逗笑了。售货员直对女孩

夸他的男朋友聪明风趣,女孩感觉脸上很有面子,对男孩的感情更深了。

可是,若是男孩刚认识女方,这么一幽默,惹得大家都笑,她就可能误以为男子不够稳重、成熟,即使售货员一直夸奖男孩,她也会在内心里更加慎重考虑了。

处于热恋中的情人,也不可忘了不时利用幽默来给爱情加温。这时来点幽默,更能创造出轻松愉快,富于情趣的爱情生活。只要你挑动神经中的幽默这根弦,即可与你的恋人奏出一曲和谐的恋曲。

一次,一个小伙子从背后捂住了正在公园长椅上等他的恋人的眼睛,道:"只允许你猜三次,若猜不中我是谁,我就吻你一下。"

你猜女孩怎么猜的?

她张口喊道:"你是——张学友?梁朝伟?金城武?"

当然,在这方面的幽默故事还有很多:

数学家同女友在公园散步。女友问他:"我满脸雀斑,你真的不介意?"数学家温柔地说:"绝不!我生来最爱和小数点打交道。"

然而,人生风云难测,爱情也不会一帆风顺。恋人情侣间也难免会有磕磕绊绊的时候,此时达观一些,逗逗乐子,干戈便可化为玉帛。

有一位历史学硕士生,在热恋之际,仍手不释卷地用功读书。

第八章 口才有禁忌，把握幽默的分寸

女友不满地说道："但愿我也能变成一本书。"

硕士疑惑不解地问："为什么？"

"那样你就会没日没夜地把我捧在手上了。"女友说。

看到她满脸不快，硕士打趣地说："那可不行，要知道，我每看完一本书就要换新的。"女友急了："那我就变成你书桌上的古汉语词典！"

说完，她自己也不禁扑哧笑了。

我国宋代文人秦少游（秦观）和苏小妹有不少作诗联对的趣事，也可以作为谈情幽默的好例子。

洞房花烛夜，苏小妹故意刁难秦少游，出上联"推门拥出天上月"，把才子秦观难住了。幸而苏东坡急中生智，以石块投入池中，秦观"顿悟"马上接下联"投石冲开水底天"。

这种技巧型的机智幽默耐人寻味。恋爱到了一定的火候，两个人一般是要结婚的。在洞房花烛的时候，也不妨幽默一下，这样可以给爱情生活做一个愉快的总结，给婚姻生活来一个意味深长的开头，给幸福的生活留下永不磨灭的记忆。

5. 商场上的幽默，尺度很重要

商场就像战场，在强手林立、竞争激烈的生意场上，如何赢得顾客，使生意越做越大，这里面很有文章。发挥机智、巧用幽默是很多推销员的秘密武器，它能帮推销员赢得顾客的信服，使经商之道马到功成、生意兴隆。但是，在运用幽默的时候，你一定要把握好尺度，否则，运用不当或过犹不及，都会影响你在商

场上的成败。

在商场上运用幽默时,我们首先要考虑幽默的适用场合。因为在某些特定的场合是不适合幽默的,如严肃的会议上,庄重的活动中等。这时候,如果你完全不考虑场合,讲些自以为是的幽默话,与现场的气氛不搭调,那旁人只会对你的言行不屑一顾,甚至还会对你产生反感。相反,如果我们留心观察,在适宜的场合开一个适合的玩笑,不仅能愉悦对方,还能加大你在对方心中的印象分。

杰米·卡特是美国的第三十九任总统。有一次,卡特乘专机前往饱受旱灾之苦的得克萨斯某镇,他原本准备了一个冗长的演讲稿,但是,在飞机降落之前,该镇忽然下起了雨。当卡特走下飞机时,他临时改变主意,幽默地开了一个小玩笑,他说:"你们最需要的要么是钱要么是雨,我拿不出钱,所以只好带来了雨。"

当杰米·卡特发现及时雨到来之时,他利用当时的情景,开了一个小玩笑,不仅活跃了现场的气氛,而且有效地拉近了他与民众之间的距离。

在生意场上,我们不仅要选择正确的幽默场合,还要选择正确的幽默对象。如果我们在适当时机对一个懂得幽默的人开玩笑,就能使双方在愉快的氛围中进行合作。

在商店的橱窗前,有一位秃顶的先生漫无目的地闲逛。有个店员向他打招呼,对他说:"先生,买顶游泳帽吧,好保护您的头发。"

这位顾客说:"真是笑话!我这几根头发不用数都清

第八章 口才有禁忌，把握幽默的分寸

楚，保护个啥？"

店员说："可戴上游泳帽，别人就没有机会数您的头发了。"

顾客笑了，想想这话确实在理，就买了一项。

顾客之所以会产生从不买到买的转变，就是因为店员掌握了顾客心理、巧用幽默语言。可见，在经商过程中，如果我们能将幽默用于对的人，那么，就能促使客户果断下单。

真正好的幽默是真情实感的自然流露，是严肃和趣味间的平衡。当我们运用幽默的时机、地点乃至言辞不当时，都可能伤害别人的自尊与情感。所以，在运用幽默的时候，我们一定要慎用言辞，不要伤及别人的自尊和情感，让场面变得难堪。

某酒店的服务员张飞是一个大大咧咧的人，平时不太注重个人形象，尤其不爱刮胡子，总是显得邋里邋遢。为此，张飞多次被主管点名批评，但他太懒了，积习难改。

这天，主管找张飞谈话，劈头就问："小张，你知道你身上最锋利的是什么呀？"

张飞愣了一下，掏出钥匙说："应该是这把水果吧。"

主管摇了摇头，说："我看是你的胡子。"

张飞不解地追问："为什么？"

主管耸耸肩，回答道："你这么厚的脸皮都能穿透，它的穿透力自然特别强。"

等张飞反应过来后，他的脸顿时变得通红。

由于该主管在开玩笑时欠缺分寸，结果不但没有劝说成功，反而使张飞的自尊心受了伤害，影响了上下级之间的感情。鉴于

此,我们在使用幽默时要进行严格的推敲,要有所节制,把握好分寸,尽量避免嘲讽和挖苦人。

这里还需要注意的是,如今,随着人们思想观念的不断开放,现在很多人似乎对黄笑话特感兴趣。如果说,黄色笑话作为一种特殊的语言幽默艺术,可给人们带来笑声,让人们体味到另一种生活的话,我们无可厚非。但是,在讲黄色笑话的时候,一定要注意时间场合,多说些健康的或者具有哲理意义的言辞,摒弃那些庸俗、肉麻的话题。只有在那些恰如其分的幽默面前,大家才能笑得开心,更活得开心。

孟子曾经说:"爱人者,人恒爱之;敬人者,人恒敬之。"幽默的过程就是一个感情交流传递的过程,如果借幽默来达到对别人冷嘲热讽、发泄内心厌恶和不满情绪的目的,那么这种玩笑就不能叫作幽默。尤其在对手如林、竞争激烈的商场上,我们在运用幽默时,一定要细心观察、谨言慎行,否则,稍不留神,我们就会被踢出局。

6. 职业不同,幽默的特色不同

不同的职业有不同的幽默。不同的职业接触不同的职业对象,教师的职业对象是学生,医生的职业对象是病人,汽车售票员的职业对象是乘客,售货员、浴室服务员、小摊主的职业对象是不同的顾客……,职业的性质和对象,决定了幽默的特色和分量。

教师与学生之间的幽默,比较随便。一个教师在给学生

第八章 口才有禁忌，把握幽默的分寸

发补助的那天（20号）向学生们神秘地说："告诉大家个特大喜讯——今天发补助。"其实大家都知道20号发补助，但这"特大喜讯"颇吸引人。

上面这位教师的幽默带有明显的职业色彩，他使用了语言上大词小用的夸张法。

医生也可来些幽默，特别是对那些很麻烦的病人。

一天半夜三点钟，有人打电话给他的医生，他说："我实在不愿打扰您，但是我患了严重的失眠症。"

"你想怎么样？"医生问，"要传染给别人吗？"

上面这位医生的幽默也带有明显的职业色彩，他使用了"传染"这个医学专门用语。

公共汽车售票员每天都会遇到各种各样的人和难题，他们的应对温和而周到。

雨天，一位妇女牵着一条腿上沾满污泥的狗上公共汽车，坐下后对售票员说："喂，如果我给这条狗买一张票的话，它是否也能和其他乘客一样，有个座位？"售票员打量了一下那只狗说：当然行，太太。不过它也必须和其他乘客一样，不要把脚放在椅子上。

售票员幽默委婉地拒绝了乘客的无理要求。

对于一个商场售货员来说，细腻地运用幽默力量来处理微妙的事情，能够销售出更多的东西。

与口才

有一位很活泼的售货员在介绍电动剃须刀时说:"三月内马达不动了来找我——没电池可不行。"他又夸这电动剃须刀是"男女老少必备用品——不,女同志及婴儿暂时不用。"他要教人使用时说:"胡子少的人每天一次,每次一片;胡子多的人每天两次,每次两片,白开水送服。"

售货员一会说起马达,一会又教人吃药片,他使用的是在销售中培养起来的有意错置的荒唐法。

下面这个浴室服务员为了将棘手的工作和问题适当表达出来,就运用了幽默力量。

济南一家浴室有位服务员很幽默,每逢周末人多,他就大喊:"星期礼拜,团结友爱,互相照顾,动作要快。"他有时说:"洗完的朋友快穿衣服了,外面有人在卖便宜货。"

上面故事中的服务员用了顺口溜,还使用了夸张法,这都是与他的职业类别相符的。商业幽默也很重要,它能密切卖者与顾客的关系。

在一个菜市场里有个幽默的小伙子,他专卖鲜肉,摊子不大,顾客却很多,原因是他很讨顾客喜欢。他看到中老年顾客,就假装没看清:"您好,年轻人,吃点什么?来点小牛肉吧,又嫩又香,吃了小牛肉年轻人特别健壮。"

老年人被称为"年轻人"当然开心,何况还有他那巧妙的商品介绍,当然生意好。

第八章 口才有禁忌,把握幽默的分寸

小摊小贩要主动和顾客搞好关系,拉近距离,尽量不要说顾客"老"也是成功的秘诀之一。

工人干的是体力活,往往很累。因此,在很多人一起干活的时候,难免会有人偷懒,这时候幽默的批评也就派上了用场。

> 哥俩在同一个工厂工作,经常在一起干活。
> 哥哥说:"都说一个监工能顶两个人干活。今天我当监工,你干活,咱俩能顶三个人。"
> 弟弟说:"咱俩都当监工吧,两个监工能顶四个人呢。"

职业的幽默无模式,只能根据不同职业、不同对象、不同境遇,随机而发,但必须以"爱"为出发点。

社会的需求是多方面的,工作的种类也是五花八门的。不管你从事什么样的工作,都请用轻松愉悦的态度去面对挑战。记住:即使在工作中,也不妨幽默一下!